# 基于化学学科核心素养的
# 教学设计和评价

郑泽如 ／ 著

北方联合出版传媒(集团)股份有限公司

万卷出版公司

ⓒ 郑泽如 2021

**图书在版编目（CIP）数据**

基于化学学科核心素养的教学设计和评价 / 郑泽如
著.—沈阳：万卷出版公司，2021.10
ISBN 978-7-5470-5729-2

Ⅰ．①基… Ⅱ.①郑… Ⅲ.①中学化学课—教学设计
Ⅳ.①G633.82

中国版本图书馆CIP数据核字（2021）第172084号

出版发行：北方联合出版传媒（集团）股份有限公司
　　　　　万卷出版公司
　　　　　（地址：沈阳市和平区十一纬路25号　邮编：110003）
印　刷　者：北京政采印刷服务有限公司
经　销　者：全国新华书店
幅面尺寸：170mm×240mm
字　　数：240千字
印　　张：14
出版时间：2021年10月第1版
印刷时间：2021年10月第1次印刷
责任编辑：赵新楠
责任校对：高　辉
装帧设计：言之凿
ISBN 978-7-5470-5729-2
定　　价：45.00元
联系电话：024-23284090
传　　真：024-23284448

# 目  录
CONTENTS

## 第四篇　教学实践探索

第一篇
# 基础教育改革与核心素养

　　进入新世纪，政治、经济、文化、科技快速发展，未来社会变得越来越无法确定、不可预知。如何让现在的孩子适应未来的世界，是世界各国教育共同面临的巨大挑战。课程改革作为教育改革的核心领域越来越成为各国实施人才竞争战略的主战场。21世纪初，我国启动的第八次基础教育课程改革不仅顺应了世界教育改革的主流趋势，也是推进素质教育、转变人才培养方式、参与国际人才竞争的战略举措。

　　第八次基础教育课程改革，取得了很多改革成就和有益经验，推动了我国基础教育质量走在世界基础教育的前列。当然，也面临着一些困难和挑战，特别是随着经济社会的不断发展和社会转型，课程目标、课程结构、课程实施（教学）、课程评价、课程管理也将做出相应的调整和改革，才能不断适应世界教育改革潮流，符合时代对人才的需求。2014年，国家以全面深化课程改革作为新时代落实立德树人根本任务的标志性工程，组织研究中国学生发展核心素养框架体系，把培育学生核心素养作为基础教育课程改革的目标追求。

　　教育是对未来的定义。教育是一个国家、一个民族发展的战略，具有基础性、全局性；教育引领未来，应当为国家和民族的未来担负起应有的重任。在过去的若干年中，我们过分强调了分数的重要性，片面追求分数，课堂教学偏重于知识的传授，把传授知识作为课堂教学的重要任务，而忽视了教育的根本任务是为了促进人的全面发展。有的课堂中，教师把几个重点知识告诉学生，然后让学生自己去刷题，或者要求学生去记忆知识，至于知识之间的联系如何，这个知识是在怎样的"背景"下形成和产生的，在什么样的情境中去运用这些知识去解决实际问题，老师并不关注。一味让学生自己"刷题"，久而久之，学生渐渐失去了对学习的兴趣，感觉在学校学到的知识与实际应用有很大的差距；有的课堂教师"满堂灌"，恨不得把所有的知识"倒"给学生，强化学科的知识性而忽视了学科育人功能；等等。基础教育改革的目的就是要扭转这种过分强调知识的育分功能，强调了学科的育人作用，强化学科育人价值，培养学习者面对未来的"关键能力"和"必备品格"。

# 第一章　信息化时代让教育面临机遇和挑战

21世纪是一个知识更新速度迅猛加快的时代，经济全球化、文化多样化、政治国际化、社会沟通信息化深入发展。人类发展历史上，从来没有哪一个时代像今天这样，新技术在不断革新，信息量也呈指数方式增长，社会挑战更加复杂。新时代给人们的工作生活和学习带来了持续的变化，孩子们从小就应该学会接受变化，学会质疑，学会在数字时代生活，具有全球公民意识，能够认识到环境、可持续发展、生命伦理等关涉人类未来发展的重要性。

未来社会变得越来越无法确定、不可预测。教育要能够帮助年轻人为适应未来各种变化做好准备。人类的知识、思想和技术成为商品，以知识为基础的工作类型和岗位数量将会持续地大幅度提升，对工作、生活和学习带来了持续改变。在这个时代，每一个人既是信息的制造者，也是信息的共享者。人人都可以制造信息，人人都有平台，人人有空间，人人都是"麦克风"，一物一事、一花一草、衣食住行都能产生信息，随时随地可以发布信息，人类的活动空间变为无限大，获取信息的渠道无限多。今天，人们接受资讯的速度已超出人类历史上的任何时候，然而，并不是什么信息都是有用的，也不是什么信息都是有价值的，有些信息可能是负价值的，甚至影响着人们的价值判断，所以说，一个人的学习能力不是他们接受知识信息的量的多少，而是对信息的判断、吸收和整合。学习不仅仅是吸收，更是批判。如果没有甄别、分析、筛选、提取、加工和建构的能力，那么这些信息不仅影响学习的质量，还会抑制人类思维的发展，干扰和影响着人们价值判断和取向，这就是信息化时代要求人们具备思考力、判断力、加工建构力，在面对海量知识时会分析、善判断、能迁移，这样，在面对复杂的问题时能够懂得如何去解决。今天，互联网的迅猛发展突破了大家交往的物理地域、历史时空的限制，人们可以在同一时间与世界不同地区、不同年龄段的人进行交流、交谈和交换信息，有效的沟通、有效的合作成为获取知识的新渠道。新技术让世界发生了根本性的变化，教育更是受到空前的冲击。然而，几百年来学校教育并没有发生根本变化，或者说，与其他行业比较起来，新技术对学校教育的影响很小。当然，这除了教育自身的规律和特点外，很多老师缺乏拥抱互联网的心态，适应新变化的能力不足，老师们不断重复用各自的过去经验，传授过去的知识来教育今天的学生，怎能去面对未来的挑战，这些教育方法，远远满足不了新时代学生对新知识的需求，导致学生对学校教育缺乏兴趣。随着物联网、大数据、云计算等的发展，技术更新换代日新月异，昨天的技术到了今天可能又被其他的新的信息技术取代，今天刚刚在学校学习获得的知识，明天毕业后可能已经不适应社会发展的需求了，或者是大学毕业走向社会，发现自己在大学里所学到的知识已经被其他的人工智能所代替了，况且很多书本知识非常的"残旧"，今天已经落后于时代，更谈不上如何应对未来的挑战。在海量信息的海洋中，你是在其中"畅游"，以获取对自己的学习、工作、发展有价值的资讯，还是被这"茫茫"信息所"淹没"，从而迷失对现象和事物的判断力呢？这就需要处理信息的能力，这种能力不仅是学习力，也是加工力，更是创造力。知识可以忘记，但如何从海量信息中甄别、筛选、提取、建构对自己有价值的信息，并把信息转化为知识，把知识转化为能力，把能力转化为智慧，把智慧转化为德行，忘记了知识之后又能剩下什么，教育需要回应时代的要求。核心素养的提出，就是为了回应时代的要求，顺应时代的要求，适应时代的需要，更是迎接这种需要的变化。

科技发展、计算机技术和网络技术的普及与应用，将人类社会推入一个新的信息时代，每一个人都是"数字公民"，教会孩子如何思考并对世界充满好奇心是教育工作者的责任，而不仅仅是技术性问题。在信息社会时代，个体怎样合法地、道德地、负责任地使用信息技术，怎样才能与他人联合，全面地收集、分析、综合信息？21世纪的"全球化、知识经济、科技与信息迅猛发展"是全球共同面临的机遇与挑战，世界各地的人在一起工作、生活、交往，人类生活越来越成为相互依赖、相互影响的整体，世界正变得越来越小了，人类和文化变得空前复杂和多元化，在全球化时代，怎样与人相处、共处、合作？需要在校的学生必需具备各种素养，如沟通素养、语言素养、合作素养、信息素养，需要孩子们从小就学会接受变化，学会追问和质疑，学会在数字时代具有全球公民意识、跨界思维、批判性思维、独立思考能力，从而适应快速的变化与新的挑战。

当我们思考21世纪的教育目标时，我们不应该仅仅关注在经济竞争中生存的问题，更应该考虑如何教会学生去应对未知的复杂挑战问题。当前社会发生三大根本性的转变：一、新兴全球性"知识经济"带来的巨大变革对各行各业都产生了深远影响。二、信息突飞猛进的发展，形式多样，数量巨大，甚至已经泛滥成灾。三、媒体与科技对年轻人的学习方式、与社会的联系方式的影响越来越大，还有二者之间的相互影响。以上三项结合起来迫使我们深入思考：什么样的学习内容更有价值——"让学生学什么"，什么样的学习目标更有意义——"学生应学会什么"，什么样的学习方式更有利于学习目标的实现——"怎么学"，什么样的方式能更好地检验学习效果——"怎么评"。学校教育不能只是教给学生知识和技能，而是要重视对学生能力的培养，重视学生在陌生情境下处理问题的能力，这种能力是知识、技能和情感、态度、价值观的整合，不是仅仅教学生学科知识，而是培养学生的跨学科思维或跨学科整合能力，培养学生正确的价值观，懂得尊重自然、敬畏生命，学会合作，懂得沟通，让学生适应不断变化的挑战，懂得在复杂环境下如何去应对，并且在复杂环境中不断培养和发展处理问题的能力。

今日世界之复杂，变化之迅速，已远超我们的想象，看似遥远不可及的未来正在变得触手可及。如今，百度Apollo（阿波罗）开放平台可以率领百余辆自动驾驶汽车跑上港珠澳大桥，可穿戴技术会让你的衣服监控你的心率，科幻电影《星际迷航》里的生物打印机现在已经被用于制造医用的人体组织，IBM的机器人沃森医生也来到中国为患者提供精准而个性的诊疗建议，5G技术使远程医疗诊断提供更方便快捷的医疗服务，使医药卫生实现更广泛的覆盖。

时代的发展对社会各行各业提出了新要求，教育不可能独善其身，全球教育体系都正在和将要被技术主宰的全球经济形势改变，对未来人才的素养提出了新需求，教育面对新机遇和新挑战，如何让孩子未来不被人工智能所取代，是学校教育当前亟须思考和努力解决的问题。处在人类历史发展关键转折点上，面对新技术时代的挑战，教育应是勇敢面对，并且做出迅速的转变，在育人方式和育人目标上做出调整，提出新要求，培养和发展学生正确的价值观、必备品格和关键能力。核心素养的提出，标志着课程改革为了应对信息化、全球化与知识经济社会对人才培养需求变化而实现的一次华丽转身，即从对内容的关注转向对学习结果的关注，从对教材、标准的要素关注转向对"培养什么样的人""怎样培养人""为谁培养人"的功能的关注。

# 第二章　核心素养提出的背景

党的十八大提出，要把立德树人根本任务落到实处。2014年，教育部研制印发《关于全面深化课程改革落实立德树人根本任务的意见》，提出"教育部将组织研究提出各学段学生发展核心素养体系，明确学生应具备的适应终身发展和社会发展需要的必备品格和关键能力"。2016年9月，中国中学生核心素养总体框架正式发布。它以培养"全面而发展的人"为核心，从文化基础、自主发展、社会参与三个方面，凝练出人文底蕴、科学精神、学会学习、健康生活、责任担当、实践创新六大素养。改变了以往过于强调知识与技能的弊病。2017年，教育部颁发了《普通高中课程标准（实验）》，高中各学科陆续出台颁发了学科课程标准，为学科教学提出了新的任务要求，从学科的角度对本学科核心素养的培养提出了具有学科特点的素养任务要求，从育人的高度对教育改革提出了更新更高的要求，从国家战略发展的维度对如何培养人、培养什么人、怎样培养人提出了根本性要求，把人才培养和社会主义现代化建设结合起来，改变过去单一的人才培养模式，把培养人与选拔人结合起来，把人文性与科学性结合起来，既突出人之为人对教育的要求，又把人才培养与社会需要结合起来。比如，语文学科的课程标准提出："语文是最重要的交际工具，是人类文化的重要组成部分。工具性与人文性的统一，是语文课程的基本特点。高中语文课程应进一步提高学生的语文素养，使学生具有较强的语文应用能力和一定的审美能力、探究能力，形成良好的思想道德素质和科学文化素质，为终身学习和有个性的发展奠定基础。"

　　数学学科的课程标准提到，高中数学课程是义务教育后普通高级中学的一门主要课程，它包含了数学中最基本的内容，是培养公民素质的基础课程。高中数学课程对于认识数学与自然界、数学与人类社会的关系，认识数学的科学价值、文化价值，提高提出问题、分析和解决问题的能力，形成理性思维，发展智力和创新意识具有基础性的作用。高中数学课程有助于学生认识数学的应用价值，增强应用意识，形成解决简单实际问题的能力。高中数学课程是学习高中物理、化学、技术等课程和进一步学习的基础。同时，它为学生的终身发展，形成科学的世界观、价值观奠定基础，对提高全民族素质具有重要意义。

　　化学学科课程标准要求，普通高中化学课程是与九年义务教育阶段化学或科学相衔接的基础教育课程。课程强调学生的主体性，在保证基础的前提下为学生提供多样的、可供选择的课程模块，为学生未来的发展打下良好的基础。高中化学课程应有助于学生主动构建自身发展所需的化学基础知识和基本技能，进一步了解化学学科的特点，加深对物质世界的认识；有利于学生体验科学探究的过程，学习科学研究的基本方法，加深对科学本质的认识，增强创新精神和实践能力；有利于学生形成科学的自然观和严谨求实的科学态度，更深刻地认识科学、技术和社会之间的相互关系，逐步树立可持续发展的思想。

　　体育与健康学科课程标准对该学科的课程性质明确指出，普通高中体育与健康课程以学校体育学、体育与健康课程与教学论、健康教育学为基础，同时还涉及运动解剖学、运动生理学、体育心理学、体育社会学、体育哲学、运动训练学、运动营养学、体育伦理学、体育美学和体育史学等学科知识。体育与健康课程作为高中课程中基于生命、指向生命、提升生命质量的学科，对于促进学生身心健康、体魄强健，增强中华民族的旺盛生命力，促进社会文明进步，提高国家公民素养和综合实力，都具有不可替代的重要作用。普通高中体育与健康课程是一门以身体练习为主要手段，以体育与健康知识、技能和方法为主要学习内容，以培养高中学生的体育与健康学科核心素养和增进高中学生身心健康为主要目标的课程。本课程是全日制普通高级中学课程体系的重要组成部分，是面向全体高中学生的基础教育，对实现"立德树人"根本任务和培养全面发展的人具有独特的功能和价值。

无论是人文课程还是科学课程或者体育与健康学科，不仅把培养学生在真实情境下解决复杂问题的能力放在重要位置，更是把基础性、合作性、自主性、实践性、社会性作为学科教学的重点，为学生养成良好的学习习惯、形成科学态度、提升人文素养、发展良好品格、促进身心健康，为学生的个性化成长、多样化思维、多元化发展奠基。

# 第三章　世界各地对核心素养的概述

在20世纪初期，教育的重点放在文化技能的获得上：简单的读、写、算能力。教育体系的普遍准则并不是要去培训人们进行批判性的思考和阅读，清晰地、有说服力地表述自己的观点，以及解决科学与数学中的复杂问题。在20世纪末，为了成功地适应现代生活的复杂性，几乎人人都需要掌握读、写、算这些素养。然而，由于组织机构和劳动者需要不断应对工作环境带来的竞争压力，因此对工作的技能要求也大大提高，随着人们关注的焦点已从地方转向国家、全球，理智地参与民主化进程也变得日益复杂。

今天，信息和知识快速增长的速度超过了人类历史上的任何一个时期，正如诺贝尔奖获得者赫伯特·西蒙曾明智地指出，"识知"（knowing）的意义已从能够记忆和复述信息转向能够发现和使用信息（Simon，1996）。人类的知识急剧增长使教育无法面面俱到，而且人们更多地认为教育的目的是帮助学生发展习得知识所必需的认知（智力）工具和学习策略，使他们能够富有成效地思考有关历史、科学、技术、社会现象、数学和艺术方面的内容。世界正处于无限的信息与有限的学习时间的矛盾之中，学习或者工业化背景下的"流水线式"的学校教育模式已不能适应信息化时代下个性化教育的需求，人类需要适应新时代发展的教育和学习方式，因此，适应社会发展和人的终身发展所必需的关键能力和必备品格的教育自然就诞生了。

在如此复杂多变的外界环境下，国际上长达20多年的研究表明，只有找到人发展的"核心素养体系"，才能解决好有限与无限的矛盾；只有找到对学生终生发展有益的DNA，才能在给学生打下坚实知识技能基础的同时，又为未来发展预留足够的空间；只有帮助学生培养和发展批判性思维和自主学习的能力，才能让学生从已知走向未知，正确处理好自身与外在不断变化的关系。

国际上多数国家、地区与国际组织都认为，应以个人发展和终身学习为主体的核心素养模型，取代以学科知识结构为核心的传统课程标准体系。

核心素养是当今世界各国课程改革的风向标、主基调。"核心素养"最早出现在经合组织（OECD）和欧盟理事会的研究报告中。经合组织1997年启动了"素养的界定与选择：理论和概念的基础"（Definition and Selection of Competencies：Theoretical and Conceptual Foundations，即DeSeCo）研究项目，此时并未在项目名称中直接使用"核心素养"一词，而2003年出版的最终研究报告《核心素养促进成功的生活和健全的社会》（*Key Competencies for a Successful Life and a Well Functioning Socity*）使用了该词。为推进核心素养走进教育实践，2005年经合组织又发布了《核心素养的界定与选择：行动纲要》（*The Defintion and Selection of Key Competencies：Executive Summary*），以增强核心素养应用于教育实践的可操作性。

自经济合作与发展组织（OECD）提出核心素养之后，一石激起千层浪，欧盟、联合国教科文组织、世界经济论坛等国际组织，以及美国、英国、法国、日本、澳大利亚、新加坡、芬兰、新西兰、韩国等国都提出了自己的"核心素养"，并依此倡导课程改革，以回应如何培养能够在复杂多变的未来社会获得个人成功、促进社会进步的时代新人的问题。我国也在2014年启动了学生发展核心素养项目，经过专家团队的努力，建构了三个维度、六个素养、十八个基本要点的中国学生发展核心素养框架，为我国课程改革、教育评价提出了新的要求，为不同学科的教学与评价提出了具体的要求，核心素养成为一种完整的育人目标体系。

欧盟的核心素养框架受到经合组织研究项目的影响。欧盟提出，核心素养代表了一系列知识、技能和态度的集合，它们是可迁移的、多功能的；这些素养是每个人自我发展，融入社会及胜任工作所必需的；在完成义务教育时这些素养应得以具备，并为终身学习奠定基础。2006年12月，欧洲议会和欧盟理事会通过了关于核心素养的建议案《以核心素养促进终身学习》（*Key Competencies for Lifelong Learning*），欧盟提出了八大核心素养：使用母语交流；使用外语交流；数学素养与基本的科学技术素养；数字素养；学会学习；社会与公民素养；主动意识与创业精神；文化意识与表达。欧盟理事会与欧盟委员会联合发布的2010年的报告《面向变化中的世界的核心素养》（*Key Competencies for a Changing World*），"核心素养"一词出现了381次，真正成了关键词。

经济合作与发展组织（OECD）多年来探索中小学的科学素养测评（PISA）测试，其中测试数据部分成为世界各国科学素养排名的基础。在其科学素养的测评框架中包含情境、科学知识、科学能力、科学态度等维度，如图。

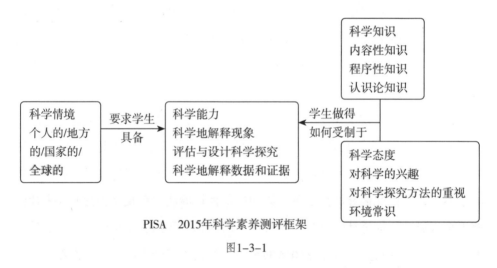

PISA　2015年科学素养测评框架

图1-3-1

然而，真正起关键作用的是能力。1997年，OECD启动了"核心素养的界定与遴选"：理论和概念基础项目（简称DeSeCo），旨在提升人才的素养。各国围绕"核心素养"展开了一系列的讨论和实践，在国际范围内已从对人才素质的要求逐步转向对中小学课程的设计。

在美国，企业界与教育界共同提出的"21世纪型能力"（21st Century Skills）的概念（2010），则是在学科内容的知识之上，加上了在21世纪社会里生存所必需的高级认知能力——"学习与革新：4C"，即"批判性思维"（crutical thinking）、"沟通"（communication）、"协同"（collaboration）与"创造性"（creativity）。在核心学科（3Rs）及21世纪课题的基础上强调"信息、媒体、技术的能力""生活与生存的能力"。这个框架图说明，作为学生的成就，必须形成如下四种能力——核心学科（3Rs）及21世纪课题（诸如全球认识、金融、经济、服务、创业的素养、公民素养、健康素养、环境素养）；学习与革新（4C）能力；信息、媒体、技术的能力；生活与生存的能力。

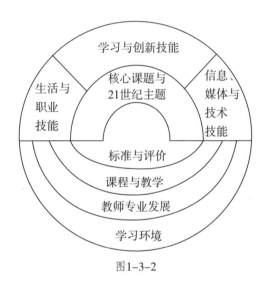

图1-3-2

这些能力的支撑系统包括：标准与评价、课程与教学、专业性提升、学习环境。学校课程的一个关键课题，"不在于习得孤寡的、碎片的、僵化的、垄断的知识，而在建构通用的、综合的、无界的、分享的知识"。

从教学目标分类学的角度来讲，1956年本杰明·布卢姆（B.S.Bloom）将教学目标分为"知识、理解、应用、分析、综合、评价"六个层次，而他的学生洛·安德森（L.W.Anderson）对这六个层次进行了重新修订，将其归纳为"记忆、理解、应用、分析、评价、创造"。其中"记忆、理解、应用"被称为低阶认知能力，"分析、评价、创造"被称为高阶认知能力，但高阶认知能力与低阶认知能力之间不是二元对立的，而是互相配合和支持，高阶认知能力是从低阶认知能力上发展起来的。生活在21世纪的人们应当立足于基础知识，获得高阶认知能力，并借助丰富的知识与思维能力，能够发现意义，建构并运用知识，从而从容面对复杂的情境，解决复杂的问题，不断在"高"与"低"之间获得新知识、发展新思维和提升新能力，掌握新方法，在这种"螺旋式"的过程中获取智慧。美国的21世纪型能力就是这样在"低阶认知能力"的基础上强调了"高阶认知能力"的培育和发展。

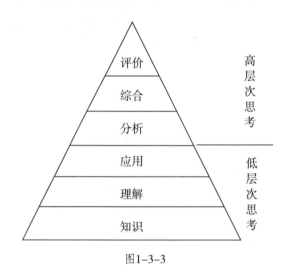

图1-3-3

在日本，日本国立教育研究所提出了"21世纪新能力"的框架（2013年）：从作为"生存能力"的德、智、体所构成的素质与能力出发，要求在凝练"学科素养"与能力的同时，以"思考力"为核心，以支撑"思考力"的"基础力"（语言力、数理力、信息力）以及运用知识技能的"实践力"，构成三层结构（如图1-3-4，21世纪型能力）。可以发现，日本"21世纪型能力"的界定既反映了国际核心素养研究的走向，也体现了其独树一帜的"学力模型"研究积累。日本的"学力"一般界定为"通过学习获得的能力"或"作为学业成就表现出来的能力"，作为教育科学界定的"学力"概念强调了如下几点：

（1）"学力"是人通过后天的学习而获得的。

（2）构成其媒介的是借助重建了人类与民族的文化遗产（科学、技术、艺术的体系）的"学科"与"教材"；借助有意图、有计划、有系统的教学活动，而获得的人的能力及其特性。

（3）作为人类能力的（学力）是同学习者的主体的、内在的条件不可分割的，是在同人类诸多能力及其特性的整体发展的有机关联中形成的。

（4）因此，"学力"是在其客体侧面（作为学习对象的教学内容）与主体侧面（学习主体的兴趣、动机、意志等）的交互作用中，以其"能动的力量"，为主体性、实践性的人的能力而形成的。

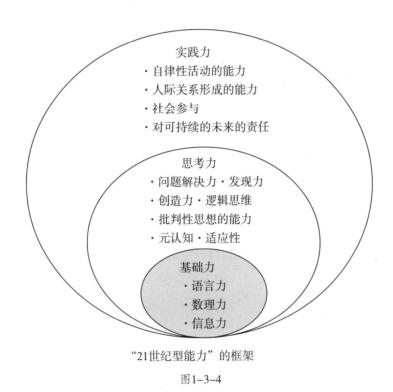

"21世纪型能力"的框架

图1-3-4

新西兰于2007年11月正式颁布了修订的课程纲要，并于2010年开始实施。该纲要规定了课程的基本原则，设计了独有的课程体系，由"核心素养""学习领域""基本技能""态度与价值观"构成。新西兰学术界认为，核心素养是为了适应当前以及未来生活和学习的要素，在这个观念下确定了以下五条核心素养：思考，与他人互动，使用语言、符号和文本，自我管理，参与和贡献。这些素养比之前规定的主要技能更复杂，尤其关注到那些指导行动的观念、态度和价值观。各素养之间也不是相互独立的，在每一个学习的关键区域都能相互作用，共同发挥功能。

随着信息时代和创新经济模式的到来，越来越多的工作类型要求个体能够应对陌生的挑战性情境，处理复杂多变的任务。在这样一种环境中，个体要能够对复杂问题做出灵活反应，能够有效沟通和使用技术，能够在团队中工作和创新，持续性地生成新信息、知识或产品。综观欧盟、新西兰、美国、日本等国际组织或发达国家提出的核心素养框架，无一例外都突出这一立场，这些框架都强调在数字化、信息化和全球化环境下，在多元异质社会中创新、批判性思维、沟通交流和团队合作能力的重要性。这些素养反映了个体适应21世纪的共同要求。

过去把学校的教育功能归于知识的传递，主要原因在于，过去社会生产力发展很缓慢，过去知识更迭的周期很长，在农耕文明时期，一个教师只要学几年就可以教一辈子，私塾先生就是典型代表；工业文明时期，一个教师只要学十几年就可以教一辈子，师范生毕业大概就可以了，一辈子就教同一个学科的知识；而在今天，由于知识和信息的更新以几何级发生变化，很多知识在很长的一段历史时期都已经远远不适合时代发展的需要，一个教师只有学一辈子才能教一辈子，终身学习成为这一代人的标配，否则将远远落后于时代。今天学校的教育功能已发生了转变，学校教育只是学生成长中学习的一段经历，学校教育不再是传递型，而是混合型，师生之间、生生之间相互学习，线上线下相融合，教师不再是学生获取知识的唯一来源，学生可以从线上获取知识，可以从陌生人那里学习，可以从社区环境中学习，甚至可以自我去建构知识和从各自的生活中去汲取知识。技术介入了教育，学校教育必须主动转型，主动求变，这种转型和求变，既是基于社会的发展、信息化程度的提升，更是教育观念和人的发展提出的新要求，培养学生适应现代社会发展的学力成为教育发展的必然趋势和要求。

核心素养在当前国际教育改革进程中，越来越受到人们的重视。它的提出是基于全民终身学习视角，是为培养能够适应21世纪经济社会发展的世界公民所构建的概念。核心素养的提出，意味着学校教育从"知识本位"向"素养本位"的转型，是知识社会时代世界教育发展的共同趋势，同时也要求"知识本位"的教育理念和教育逻辑应当让位于"素养本位"的教育理念和教育逻辑。"知道什么"和"知道多少"不再是衡量一个人素质的高低标准。适应急剧变革的21世纪社会的发展要求，学校教育要在学科教学上做出具体的回应，不是教给学生多少知识，而是要看重培养学生在现实生活中能否灵活应用所学知识的能力，即培育面向"21世纪型能力"。所以说，"核心素养"的提出是回应时代的要求，顺应社会的变化，迎接变化的挑战，培育完整的人，让人更好地适应社会要求，创造更好的社会。学校教育要在这场变革中，通过课程改革，落实学科育人目标，遵循教育的规律，以变的姿态迎接变化的挑战，通过学科教学与评价，不断促进核心素养的落地。

# 第四章　核心素养之中国表述

核心素养的提出顺应了历史发展的趋势，符合时代发展的要求，面对新世纪信息化的迅猛发展，学校教育不可能只是教授学生知识，而应该教会学生适应未来发展需要的能力，即"21世纪实践能力"，这种能力是知识、能力和情感态度的综合。中国学生发展核心素养的根本任务是落实立德树人根本宗旨，探索和建构符合中国学生面向21世纪发展的能力，这种能力的培养和发展必须深植于中华优秀传统文化，既具有中国文化底蕴，又具有时代鲜明特点。

## 一、我国核心素养研究的过程

核心素养的培育被世界各国视为教育的重大趋势。核心素养不仅被视为一种课程目标，同时也被视为一种课程观，成为信息时代课程改革的一个重要方向和趋势。世界先进的国家或地区有关未来人才的培养趋势以及怎样培养人、培养怎样的人，为我国的教育提出了新的发展思考和可借鉴的模式和参考经验价值。

2012年，党的十八大报告明确提出："把立德树人作为教育的根本任务。"2014年3月，教育部印发了《关于全面深化课程改革落实立德树人根本任务的意见》（以下简称《意见》）。《意见》明确提出："要根据学生的成长规律和社会对人才的需求，把对学生德智体美全面发展总体要求和社会主义核心价值观的有关内容具体化、细化，深入回答'培养什么人、怎样培养人'的问题。"教育部将组织研究提出各学段学生发展核心素养体系，明确学生应具备的适应终身发展和社会发展需要的必备品格和关键能力，突出强调个人修养、社会关爱、家国情怀，更加注重自主发展、合作参与、创新实践。同年10月，教育部正式启动我国普通高中课程标准的修订工作。本次修订工作旨在贯彻落实立德树人的根本任务，通过研制我国核心素养体系，将基于核心素养的学业质量标准融入课程标准，引导和促进学习方式和育人模式的根本转型，从而实质性推动和深化我国基础教育课程改革。本次深化基础教育课程改革，在我国教育历史上首次提出了"核心素养"这一概念，核心素养开始进入我们的视野。

2016年9月，中国学生核心发展核心素养总体框架正式发布。它以培养"全面发展的人"为核心，从文化基础、自主发展、社会参与三个方面，凝练出人文底蕴、科学精神、学会学习、健康生活、责任担当、实践创新六大素养。

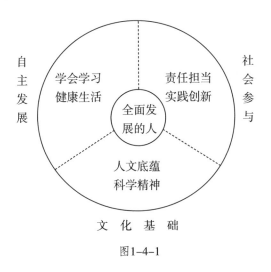

图1-4-1

经合组织（OECD）对核心素养做出了这样的界定："核心素养不只是知识与技能。它是在特定情境中，通过利用和调动心理社会资源（包括技能和态度），以满足复杂需要的能力。"从经合组织（OECD）关于"核心素养"的概念看出，核心素养不仅是单纯的知识与技能，而是包括了应用知识技能态度在内的心理的社会资源，来应对特定的境脉中复杂课题（要求）的能力。它超越了认知能力的范畴，也不限于传统意义上的能力的内涵和外延，而是"各种知识，技能，态度和价值观"的综合体现。对比我国学生发展核心素养与经合组织（OECD）关于核心素养的概念，我们从中看出，"关键能力"包括了"各种知识和技能"，而"必备品质"包括情感、态度和价值观。可以说，我国学生发展核心素养是借鉴了世界和有关组织关于"核心素养"的先进经验，同时又适合我国教育的实际情况，对我国的教育发展提供了发展的方向。

我国界定的核心素养是指"学生在接受相应学段的教育过程中逐步形成起来的适应个人终身发展与社会发展的人格品质和关键能力"。这是符合世界潮流的，也是我国课程发展的必然诉求，核心素养的界定是学校教育从知识传递转向知识建构的信号，从知识为本向素养为本转向，标志着我国学校的课程发展进入了新的阶段。其中，正确的价值观是"人之为人"的基础和方向，"必备品质"是与人沟通、合作、待人处世的基本素质，"关键能力"是做事的基础和技能，是应对复杂问题充分体现出来的基本能力。

核心素养总体框架发布，引发了社会的高度关注，核心素养成为中小学教育教学研讨的主题词。2016年年底，基于学科核心素养的高中新课标修订稿在全国征求意见，普通高中各学科课程标准也在2017年正式颁布，新课程核心素养开始进入课程，走进中小学，中国基础教育已迈入核心素养的新时代。

核心素养的提出和界定，有助于我国基础教育的功能定位，有助于矫正学校教育存在的种种乱象，可以为整治这些乱象提供有力的思想武器。例如，在不少地方，教育行政部门集中最优的教育资源办"名牌"学校、"超级中学"，默许某些名校校长把一些"名校"办成所谓的"拔尖创新人才基地"。这不仅违反国家有关教育均衡的要求，违背了教育规律，中小学阶段属于基础教育，基础教育的基本任务就是培养学生正确的价值观，坚持立德树人，夯实基础知识，培养积极的学习行为习惯，怎么可能培养出什么拔尖创新人才呢？即使是很多的名牌大学，也是重视"通识教育"。当下我国有些学校明明是"应试教育"，而又偏偏打着"素质教育"的旗帜而明目张胆地搞应试教育，每年以考上"名校"人数为衡量学校教育的质量指标，这是教育的错位，是教育监管的缺位。基础教育是成"人"的教育，不是成"家"的教育，重新认识"学会做人""学会生活""学会发展"才是学校教育的第一位目标。"核心素养"的提出，有利于扭转这种"歪门邪道"，把学校教育引导到教育的正道上来，并且通过教育评价扭转教育的功利思想，符合教育的目的是促进人的成长的要求。

核心素养是对当代的公民素养的高度概括，它凸显了学校教育的根本目的和课程教学的改革方向，符合世界教育发展的潮流，符合信息化时代对"人"的发展的要求。作为教育工作者，一定要时刻认识到学校教育不是把学生培养成为知识的接受"容器"、技能训练工具，而首先是人格品格和关键能力的培养。所以，当务之急就是克服急功近利、急于求成的狂躁心理，回归常识、回归常态、回归正轨，落实好立德树人根本任务，将立德树人根本任务与学科教学建立起内在联系，破解教育的"两张皮"，明晰课程育人、学科育人、活动育人的具体路径，坚持全程育人、全员育人、全科育人，在学科教学中不断落实学科核心素养，让课堂教学成为培养学生学科核心素养的主阵地，学科融合共同发展学生核心素养。

## 二、我国教育发展的几个重要阶段

回顾我国教育改革。新中国成立以来，中国教育经历三个重要关键节点（阶段），第一个节点（阶段）是新中国成立后到改革开放前，属于"扫盲"阶段。由于新中国成立不久，中国的百姓接受教育程度普遍不高，城市中的群众情况相对好一些，而广大农村地区，很多人处于文盲或半文盲状况，不识字、不会算术的人口所占的比例很高，甚至很多人连自己的名字都不会写，在这种情况下，当时国家教育的主要任务就是扫除文盲，让更多的人掌握"三会"，即会读、会写、会算。这种情况下的教学方式只能是学生跟着教师学，从最基本的写字和算术开始学习。并且那个年代教师的文化程度本身也不高，很多老师是自己小学毕业后留在原小学教书。"文革"结束后，国家恢复高考，国家对人才的渴求很强烈，"知识改变命运"成为一种社会共识，读书考取大学成为很多家庭对子女成长的要求，国家的教育方针也发生了改变，学校教育不再仅限于"三会"，掌握基础知识和基本技能成为课堂教学的主要任务。课堂上，除了要教给学生更多的知识外，教师要让学生通过大量"刷题"来提升自己的答题技巧和掌握知识，这种背景下的学校教育，闹出了很多笑话，社会上也流传"高分低能"的各种声音。不管怎么说，虽然这种教育方式存在很多弊端，但在当时背景下，确实为国家选拔人才提供了便利，为百废待兴的国家做出了重要贡献，特别是，那些人由于后来个人的努力和国家的发展，为了个人的进一步成长提供了更好的学习空间，为国家的现代化建设做出了重要贡献。

第三个重要阶段就是2001年启动的新课程改革，素质教育进入了基础教育要求。进入21世纪以后，单有知识和技能已经无法适应未来社会发展的需要，在新的复杂社会环境中，一个人光有知识是不行的，他需要把知识转化为能力，要具备在复杂环境下运用知识的能力，同时需要学会创造、学会发展，既要适应当下社会发展的需要，更要着眼于为了发展的要求，特别是，面对日益复杂的社会变化，人类也要具备悲悯之心，要关心自己，也要关注社会和关爱他人，要敬畏自然和敬畏生命，因此，教育目标从双基走向三维目标应运而生。

2001年启动的新课程改革的一个基本标志就是从双基走向三维目标。它的进步是不言而喻的，这其中既有量变又有质变，量变就是从一维（双基）到"三维"，质变就要强调基础知识和技能，强调学生的发展是知识与技能、能力与方法、情感态度价值观三维的整合。教育不仅仅是接受知识的教育，而是通过以知识为载体，帮助学生发展能力，掌握学习的方法，提升个人的素养，为适应社会的发展，面对复杂的环境时能利用学过的知识和方法来解决问题。在一个人的成长过程中，思想品格和道德品质是待人处世的基本素质要求，如果没有良好的道德品质和价值判断，哪怕有再多的知识，再强的能力，也无法把这些能力和知识转化为对人类社会做贡献，甚至阻碍社会发展，有知识能力没有基本道德判断和正确的价值选择导致社会出现很多悲剧的事件举不胜举。因此，学校教育特别是基础教育，不能重智偏德，要把知识、技能与情感态度和价值观综合起来，实现德智体美劳并举融合发展。2013年，党的十八届三中全会对全面深化教育改革作出了部署，2014年教育部《关于全面深化课程改革落实立德树人根本任务的意见》颁发之后，核心素养进入了学科课程改革和评价的要求，新课程改革成为素质教育的升级版，发展学生学科核心素养成为课堂教学的指向，基于学科核心素养的学科教学和跨学科学习成为高中各学科教学任务的基本要求。核心素养是教育面向现代化、面向世界，适应未来社会发展的要求，也是国家对人才培养发展的要求，它打破了学科的界限，实现学科之间融合，为未来社会发展培养混合型人才打下基础。

## 三、核心素养与教育目标的关系

教育目标包括教育目的、学科目标和教学目标。教育目的是指要"培养什么人，为谁培养人"的问题。党的十八大明确提出落实立德树人根本任务，培育和践行社会主义核心价值观，并从国家、社会与个体三个方面用24个字描述了社会主义核心价值观，这意味着党和国家对全体人民提出了社会主义现代化国家的建设目标，描绘了中国特色社会主义的伟大理想，明确了公民必须恪守的基本道德准则。我国现阶段的教育目标是："坚持教育为社会主义现代化建设服务，为人民服务，与生产劳动和社会实践相结合，培养德、智、体、美、劳全面发展的社会主义建设者和接班人。"培养社会主义建设者和接班人作为根本任务，培养一代又一代拥护中国共产党领导和我国社会主义制度、立志为中国特色社会主义奋斗终身的有用人才，则通过课程的实施来实现，这是教育工作的根本任务，也是教育现代化的方向目标。

国家的教育方针和立德树人的根本任务必须通过课程来实施才得以具体化。就学校教育而言，社会主义核心价值观是新时期的教育方针，对课程目标的确定与选择具有重要的指导意义，从课程目标的层级来看，它是最高层即教育目的层。由于它是面向全体中国人，无法直接拿来设计课程，确定学科目标，即通常所说的学科核心素养、内容标准、学业质量标准等官方规定的目标，这是由国家委托学科专家决定的。学科目标起到承上启下的作用，它比教育目的更具体，但是比课堂学习目标更抽象，学科目标如果不继续分解和具体化，将无法在学校教育现场实施和评价，这样的后果就是教育目的被闲置，同时还会让校长、老师丧失专业性。因此，在学科目标层下面还有教学目标层级，校长和教师在教育现场依据教育目的或学科目标，结合自己对学情的研究与判断，制定相对具体的、清晰的目标，为后续的教学与评价的展开提供纲领性、引领性的框架，同时这一过程也是校长或教师成为专业人员的过程。（如图1-4-2，目标的层级关系）

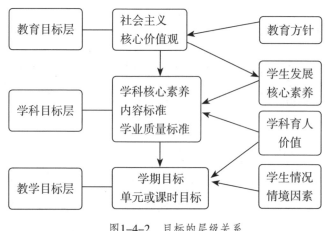

图1-4-2  目标的层级关系

核心素养是课程目标的范畴，课程目标不仅要合目的、合价值，还需要合技术规范、合学生需求，课程目标虽然来自于教育目的，但它不是"复述"的教育目的，而是将教育目的具体化。课程目标从利益集团或教育者的愿望（应然）出发，最终落脚在教育者的学习结果（实然）上。课程目标的呈现方式不是"应该做什么"，而是"通过课程学习之后学生能够做什么"，这也是目的与目标的区别。

为落实立德树人根本任务，需要发展学生的核心素养，学生核心素养的发展离不开学科课程的实施。主要是通过"学生发展核心素养"和"学科核心素养内容标准与学业质量标准"进行落实，同时，"学科育人价值"和"学生发展核心素养"也是通过"学科核心素养内容标准与学业质量标准"来落实，而"学科核心素养内容标准与学业质量标准"则具体通过教学目标中的"学期目标和单元或课时目标"来实施，并且在单元或课时目标中促进学生情感、态度与价值观的发展。核心素养的培养不是抽象的、空洞的，而是有具体的实现路径，不同学科有不同的任务要求，比如，化学学科的教学怎样来培养学生的核心素养？化学学科核心素养通过化学课程目标、化学课程内容和化学学业质量标准等途径来落实，同时，化学课程目标又具体通过单元教学目标、课时目标和课程内容标准来实现。

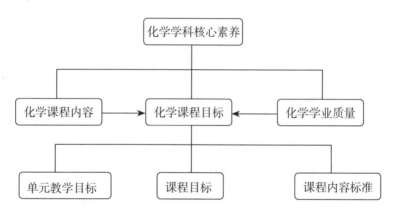

图1-4-3 化学学科核心素养、课程目标、课程内容和学业质量标准关系

其中，化学课程内容是实现化学课程目标的载体，而化学学业质量是为了促进实现目标和检验是否达成目标的策略和依据，是为化学课程目标服务的。化学课程目标是一个完整的目标体系，这个大的知识体系目标中，需要分解为单元教学目标、课时目标并通过相应的课程内容标准来实现。因此，在具体的教学过程中，教师要对教材进行系统设计，要建立一个大的化学知识体系，在大的知识计划下再设计单元计划，单元计划下分解有各个知识计划，每个单元教学知识和课时教学知识都相应有评价标准，通过评价检查是否达到了教学设计目标要求，化学教学就基于一种螺旋式的上升不断落实化学课程质量标准，从而不断落实化学学科核心素养。

学科核心素养的培养，离不开学科课程的实施和课堂教学的再加工，在教学过程中，教师不是照搬学科教材知识来进行教学，而是根据学科核心素养的要求和学业要求，根据学生的学力和认知心理，认真研读教材，深刻理解教材知识的逻辑顺序。教材的知识编排是按照一定的知识规律来呈现，属于专家经验知识，符合一般的认知规律，但对于个体认知经验来说，由于其知识经历不同，学习基础和学习能力也不一样，这就要求教师要对教材知识进行选择和构建，选择化学学科核心素养内容让学生进行探究学习，并且采取合适的教学策略，要让学生在探究的过程中及时获得"脚手架"，使知识的呈现逻辑更加符合所教学生的学情，为学生所接受。同时，要根据化学学科核心素养的内涵、化学课程内容要求和学业要求，采用化学学业质量标准评价学生化学课程的学习过程和结果，通过评价来促进学科核心素养的落实。

学生学科核心素养也是实现教育目标的具体策略，学科教学目标是学生发展核心素养在不同学科中的具体化，学科课程实施是落实学生核心素养的基本路径，落实好单元教学目标，就能落实好学科立德树人根本任务。核心素养作为课程与评价的概念，是教育目的与学习结果的重要载体，它既是教育目的的逻辑必然，也是课程与评价设计、实施的有效体现。没有核心素养，教育目的将是一种抽象的理论概念、一种纯粹的美好愿望，既无法传播，也无法实施，教育的理想就会成为空想；没有核心素养的课程，课程与评价的设计、实施将会失去有目的的方向，同时也不能提供令人信服的证据，有关利益者也不能形成一个专业共同体，不能做出合乎学生发展利益的举动。

## 四、核心素养与三维目标的关系

核心素养是（跨）学科的知识和技能、过程与方法、情感态度和价值观的整合。我国核心素养包括三个方面——正确的价值观、必备品格和关键能力。

"核心素养"是"三维目标"的传承。"核心素养"是个体获得成功、融入社会和胜任工作所必备的，集"知识、技能和态度"为一体的关键能力和品德，是知识与技能、过程与方法、情感态度与价值观"三维目标"融为一体的整体表现。

从教学的角度讲，"所谓三维目标应该是一个目标在三个方面，而不是三个互相孤立的目标，对其理解，可以准确表述为'在过程中掌握方法，获取知识，形成能力，培养情感、态度、价值观'"。三维目标使素质教育在课堂的落实有了抓手。新课程改革强调三维目标的有机统一，只有实现三维目标整合的教学才能促进学生的和谐发展，缺乏任一维目标的教学都会使学生的发展受损。显然，三维目标之于双基，既有继承，更有超越。传承更多地体现在内涵上，而超越更多地体现在性质上。

核心素养不是否定三维目标，也不是重新定义、另起炉灶，它是三维目标的整合。作为核心素养主要构成的必备品格和关键能力，实际上是对三维目标的提炼和整合，把知识、技能和过程方法提炼为能力，把情感、态度、价值观提炼为品格。能力和品格的形成就是三维目标的有机统一。

我们谈学科核心素养不是单纯强调哪一个方面很重要，而弱化另一方面，而是在教学过程中，不能只是为了强调知识与技能，忽视了对能力方法和情感态度的重视，毕竟人在成长的过程中，需要各方面素质的综合，才能成长为完整的人，才能在信息化时代适应各种知识浪潮的挑战，才能在复杂的世界环境中看清楚前进的方向。过去，我们过于强调知识与技能的重要作用，导致了人的发展不均衡，特别是，过去我们把知识和技能作为学科教学的重点和中心，课堂教学的大部分时间就是强调知识的传授和技能方法的训练，对于学科中所蕴含的丰富的思想、人文精神、态度和价值观等，教师在教学时基本上忽略了或者蜻蜓点水般地跳过，无法体现学科教育的功能，今天我们强调核心素养，也不是弱化知识与技能，知识与技能是形成和发展学生核心素养的基础、前提和载体。弱化知识与技能就不可能形成和发展核心素养，但知识与技能并不等同素养。建立知识与素养的关系要解决好两个问题，一是"什么样的知识与技能"，二是"如何获取知识与技能"，如何把知识与技能内化为学科观念。

任何一个学科的知识体系，都要由事实性知识、理论原理性知识和学科观念性知识构成的。学科观念凝聚着所在学科思想的精华，是学科知识体系中更本质的东西，处于核心的地位。在信息时代，学科知识的衰减和更新速度空前加快，但学科观念或思想却相对稳定。学科观念也是学生应对复杂的、不可预测的问题时所必需的学科知识与技能的核心所在。因此，只有舍弃无法穷尽的"知识与技能"点，将学科知识提升为学科观念，把学科知识内化为学科方法，才会更有利于学生形成和发展核心素养。

学科知识与技能是否有利于形成和发展核心素养，还要看知识与技能是如何获取的。被动接受的学科知识和技能不可能使学生形成核心素养，自主探究、主动建构知识的过程才是学生核心素养发展的前提。比如，在学习"二氧化硫"的性质时，教师不是直接把二氧化硫的性质直接展示给学生，让学生去"记忆"和"理解"，这样只能增加学生的记忆负担，但主要的是学生很难理解知识的形成过程，也很难进行应用、拓展和创造。因此，在教学时，教师通过创设一组任务组，让学生通过探究实验掌握二氧化硫的化学性质，建构起以二氧化硫为中心的有关含硫物质之间相互转化的知识网络，为学生今后学习打下基础，不断提升和形成学科的核心知识和素养。学科知识和技能的学习过程，是体验科学探究的过程、学习具有学科特征的科学思维方法的过程，同样也是形成正确的情感、态度与价值观的过程。

另一方面，核心素养是"三维目标"的提升和发展。"三维目标"强调学生在学习过程中自主探究知识与技能、掌握方法、发展能力、培养态度和价值观。核心素养要求学生培养适应知识经济、信息时代和全球化社会所必备的文化基础、自主发展和社会参与等方面的关键能力和品质。核心素养聚焦于培养学生未来融入社会并获得成功所需要的正确价值观念、必备品格和关键能力，更能体现时代发展对人的需求，更能体现以学生发展为本的教育理念；与"三维目标"更多体现现代学科的内在价值不同，核心素养指向多学科、跨学科对学生"正确价值观念、必备品格和关键能力"的贡献，更强调不同学科融合对学生发展的教育价值。

核心素养要在课程实施中落地。不同的学科既有共同的作用，也具有不同的学科本质特征，即学科不可替代的特殊的贡献。基础教育阶段的课程，如科学领域的物理、化学、生物和地理课程，它们对学生发展核心素养的共同和特殊贡献是什么？这就有必要分析各学科的学科核心素养，研究其内涵、要素、表现和素养水平评价体系。学科核心素养要在课程、单元、课堂教学中才能得到落实，要在实施中通过评价才能发展，而不是仅仅会刷题而已。会做题不是核心素养，而只能说学生掌握了某个内容的知识点而已，学科核心素养只有在真实的情境中才能得到有效的发展和提高。化学学科核心素养是学生在化学课程学习过程中形成和发展的，如果离开科学、正确的化学学习过程和学习方式，它是无法形成的。学生只有通过自主、合作、探究等多样化的学习方式，才能在学习过程中自主获取化学学科知识，形成化学学科观念，体验化学实验探究的过程，运用化学特征的思维方式分析和解决实际问题，认同和践行化学学习价值追求。总之，只有抓住学科核心素养才能抓住学科教育的本质，在学科核心素养下统领下的教学，是本次课程改革的亮点，学科核心素养是一根主线，统领学科课程改革，使学科课程知识的选择、课程内容的组织、难度的确定、知识的编排、课程实施与学业质量评价标准的确定有明确的目标，使教师在进行学科教学时思路更清晰，特别是对学生进行课堂教学评价时有标准、有抓手、有方法、有实施的落脚点。学科核心素养是课程标准的"魂"，有了"魂"，在教学时教师就能看见"人"，学科教学就能与学生的发展融为一体。学科核心素养使课程标准的形态从教学大纲（双基）、内容标准（三维目标）走向成就标准（核心素养），即以学生应该达到的素养作为课程标准的纲领，这样教学就能在学科核心素养标准指引下不断促进学生学科素养的形成和发展。

举个典型开车过程的例子。在开车之前，先要获得驾驶证，而驾照的获取需要经过一定的程序并且经过考试，考试合格后才能取得驾照。刚开始，先进行理论学习，学习有关"交通规则知识"。接着，教练创设情境，让学员自主去练习，逐步掌握"移库"和"上路"的技能，这两项技能通过考试并获得驾驶证，只能说明有驾驶汽车的基本技能，并不代表就已经掌握驾驶的素养，还需要在长时间的真实情境驾驶过程中形成素养，包括如何"安全驾驶""守法驾驶""礼貌驾驶""尊重生命"，这才是真正地形成了驾驶素养。其中，掌握"交通规则"是知识，"移库"和"路面"就是技能，而"安全驾驶"是关键能力，"礼貌行车"是必备品格，而"尊重生命"就是价值观念。整个学习驾驶到能独立开车到熟练驾驶的过程，就是开车核心素养形成的过程。在这个过程中，有知识、技能和情感态度、价值观，这三者统合起来就是驾驶的素养，而驾驶的核心素养就是在真实的情境中得到发展，也是在不断的驾驶过程中不断进行自我评价、自我调整、自我发展、自我内化。而驾驶核心素养与"三维目标"之间的关系，如图1-4-4。

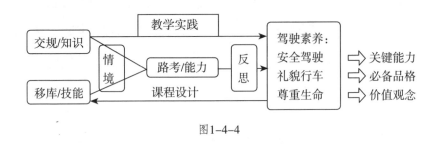

图1-4-4

在教学实践过程中，教师要思考以下三个问题：

（1）知识越多，能力越强吗？素养越好吗？

（2）素养需不需要知识、能力？价值观重要吗？

（3）素养能测评吗？

## 五、学科核心素养与课堂教学的关系

课堂教学是课程实施的主阵地，服务于学生学科核心素养的形成和提升，需要制定基于学科核心素养的单元、课堂教学目标，需要设计基于学科核心素养的课堂学习任务（活动），需要建构和实践基于学科核心素养的课堂教学评价，从而实现教、学、评的一致性。其中，评价包括过程性评价、表现性评价和结果评价。考试评价既是教育质量监测的重要手段，又是引导学校促进学科核心素养落地的重要举措。基于学科核心素养的评价不仅涉及高考制度改革，而且涉及课堂教学的过程性评价和不同课程模块的学习结果性评价的改革。分析和研究基于学科核心素养的学业质量标准，并将其校本化，分解和细化到课程模块、单元、课堂教学评价体系中，从而发挥学业质量评价对学科教学的导向作用，是深化学科教育课堂改革的关键环节。

基于新的教学理念的课堂教学需要从以下几个方面进行设计与实施。

新课程的教学理念是基于当下社会化发展的需要，基于未来社会对人才发展的要求，基于当前课堂教学的弊端提出来的。课程改革就是要顺应时代要求，适应人才发展需要，回应社会对教育改革的呼声。基于核心素养的教育改革反映了"全球化"的要求，体现了"本土性"的需求，凸显"学科性"的特点。教育改革重点在于学校，学校改革重点在于课程，课程改革重点在于课堂，教学改革的核心在于课堂。课堂改变，教师才能改变；教师改变，学生才能改变；学生改变，学校才能改变。因此，基于学科核心素养的教学要注意以下几点。

**1. 设计真实且富有价值的问题情境**

基于问题的教学是新课程的特点，要培养学生解决实际问题的能力。真实、具体的问题情境是学生化学学科核心素养形成和发展的重要平台，为学生化学学科核心素养提供了真实的表现机会。因此，在进行教学设计时，应重视创设真实且富有价值的问题情境，将学科知识与生活情境、社会情境和现实情境有机联系起来，凸显学科的实践和使用，突出学科教学的情境性，促进学生化学学科核心素养的形成和发展。特别是学习新概念、新原理时，由于学生没有上位概念，或者没有知识经验基础，教师要通过真实问题情境来吸引学生，并使学生逐步从关注情境本身到关注问题本身最后到深入思考知识的本质，并运用已有的知识，或者把问题与已有的知识联系提来，去思考问题本身所包含的化学知识或核心概念。培养学生主动思考的习惯，学会分析问题思路，掌握解决问题的方法，发展解决问题的能力，培养解决问题的习惯，形成解决问题的思维模式。

比如，在学习"氧化还原反应"的教学时，教师可以提供有关"汽车尾气及其危害"的素材，使学生产生运用化学方法解决这一问题的欲望，提出诸如"如何根据氧化还原原理对汽车尾气进行绿色化处理好？"的问题，包括"什么是绿色化处理？""汽车尾气的主要成分有哪些？""如何将有毒有害物质转化为无毒无害物质，如何转化，转化需要哪些条件？"等。在学习"二氧化硫"时，提问学生"酸雨产生的原因？""如何预防酸雨？"这些具体问题的解决任务，促使学生查阅文献、设计实验方案、试探探究等，学生正是在这些问题情境的激发下，能从多角度去挖掘自己已有的知识，在解决问题的过程中学生的化学学科核心素养得到了提升，生态文明的意识得到了增强，思维品质得到了深化，促进了自主学习能力的发展。

**2. 体现"教、学、评"的一体化**

教是学的起点，学是教的目的，评价是引导，让教学不偏航、不冒进，评价也是为了诊断学习情况，通过评价，促进学生的学习的发展，在评价的过程中，学生的学习层层推进，直抵学科核心概念或知识原理，直抵知识的本质，知识之间形成联系，保障教学的质量，保证学习的效果。如果只有教而没有评的教学，教学就成了"盲人摸象"，无的放矢。杜威有一句经典名言：教之于学，犹如卖之于买。没有人把东西买走，不能说把东西卖掉了。同理，学生没有学会，老师不能说自己教过了。

为了杜绝这种教与学之间的脱节现象，提高教学质量，避免课堂成为"教堂"（一言堂），以突出学习者为中心的思想，课堂教学要坚持落实"教、学、评"一致性。要基于目标为导向的教学，坚持以终为始。所以教学设计的首要任务就是确定教学目标，教师认真研读教材和课程标准的要求，根据教材知识呈现的逻辑关系，课标中对学生学业水平要求和学生学习基础、认知规律和心理特点，制定单元教学目标和课时教学目标。教学目标清晰，评价才准确，教学调整才有针对性，知识和技能才能落实到位。

有了课时教学目标后，还要把每堂课的目标设计成3~5个小目标，每个小目标就是一个教学环节，这样将40分钟划分成3～5教学环节或教学段，每个时间段聚焦一个目标，体现教、学、评一致，即围绕目标1，进行教学1和评价1，获取学情，推断是否至少三分之二的学生已经达成目标，如是，那么接下来围绕目标2，进行教学2和评价2……而不是在一节课40分钟的时间里，教师先讲35分钟，最后5分钟让学生做练习，但下课时间已经到了，结果是教师经常发现自己教的东西其实好多学生没学会。

**3. 教学设计要从"教材知识"走向"教学内容"**

教材知识所呈现出来的是"平面化""静态"的知识，只是让学习者知道需要学习的知识，至于知识的内在逻辑关系和内在特点，需要教师去挖掘，把隐性的知识逻辑显性化，使知识之间的逻辑关系符合学生的认知规律，易于学生接受，促进学生能力提升。教师基于学情和清晰教学目标采用新增、删除、更换、整合、重组等方法，将教材内容进行教学化处理，使知识从"静态"走向"动态"，从"平面"走向"立体"，从"孤立"走向"网构"，以实现教学内容的有趣、有用、有意义。

其中，教材处理需要通过"三化"，以实现"三有"。即所学的知识条件化，即补充背景知识，让学生知道这一知识"从何而来"，让教材内容变得有温度、有情感，以实现教学内容的"有趣"。所学的知识情境化，即介入真实情境，让学生知道、体会教材中学的知识"到哪里去"，能解决真实世界中的问题，以实现教学内容的"有用"。所学的知识结构化，以帮助学生理解、记忆和迁移，实现教学内容的"有意义"。学校课程不是碎片化的一条一条的微信，而是有组织、有结构的。

**4. 教学的落脚点在于帮助学生形成建模思维**

现代学习理论告诉我们，学习是个体运用已知的和相信的知识去建构新知识以及对新知识的理解。如果我们将复杂的教学简化成一个信息流的过程，那就是：从"教"到"学会"，信息必须经过两次转换，第一次转换是从教师的"教"到学生的"学"，第二次转换是从学生接受信息的"学"到学生加工信息变成"学会"。

新课程非常重视对学生学力的培养。如何把知识转化为能力？需要教师帮助学生学会知识建模，而建模思维的培养在于教师的合理化板书。随着技术广泛应用于教学，很多老师已不太重视板书了，一节课下来，黑板上只有课题，甚至连课题都没有，或者是几行干巴巴的信息，比如"一、$CO_2$的物理性质。二、$CO_2$的化学性质"，这就意味着一节课下来学生得到的只有模糊的、碎片化的信息，不可能形成系统化的知识，更谈不上思维能力。好的板书呈现的不仅是知识之间的内在逻辑联系，更是一种"思维导图"或者说是学习某一类化学知识的建模思维。

**5. 合理组织化学教学内容**

课堂教学，其目的是帮助学生把新、旧知识进行联系，形成结构化的知识网络，以减轻学生的学习负担。特别是在高一必修模块的学习中，学生普遍反映元素及其化合物知识易学、难懂，问学生为什么，学生反映是元素化合物知识的方程式太多了，记不住，同样，初中的学生在学习了"酸、碱、盐"的知识之后，觉得化学实在是太难了。从学生反映的情况来看，这里既有学生的学习方法的问题，更主要的是教师在教学时，并没有教授学生对学习的知识进行结构化处理，导致学生在学习时一味去记化学方程式，以为记住了化学方程式就是掌握了化学，而对知识之间的逻辑关系缺乏关键性的理解，导致得到的知识是碎片化的、零散的。只有帮助学生建立起知识的网络化、结构化，才能促进学生化学学科核心素养的形成，才能让学生在结构化的知识中去实现从学科知识向化学学科核心素养的转化。如何对教学内容进行结构化处理？

（1）基于知识关联的结构化。它是按照化学学科知识之间的逻辑关系组织起来的，比如，对于"化学键"的知识结构化处理如图1-4-5。

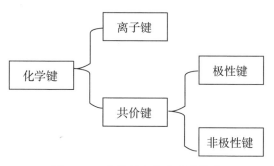

图1-4-5　化学键知识的逻辑关系

（2）基于认识思路的结构化。它是从学科本原对物质及其变化的
认识过程的一种概括。比如，在学习"原子结构和元素性质"时，把
"位""构""性"之间的关系形成如下的知识结构，如图1-4-6。

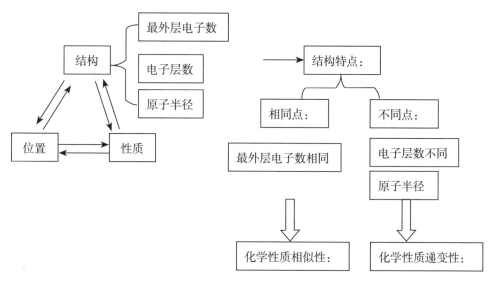

图1-4-6　元素的"位""构""性"之间的关系

这种认识思路的结构化，帮助学生建立起知识的结构化，便于形成能
力，养成学习建模，为解决新情境、新问题建立了一般化的思路，不仅减
轻了记忆负担，但重要的是把知识转化为能力，把知识提升为化学学科核
心素养。

（3）基于核心观念的结构化。它是对物质及其变化的本质和其认识过程

的进一步抽象，以促使学生建构和形成化学学科的核心观念。比如，在学习
"利用化学平衡常数判断一个反应是否达到平衡的问题"，如果只是让学生
去死记硬背"K与$Q_c$"的关系，而不理解它们之间的本质关系，即使记住了，
以后再遇到同样的问题时，也无法去解决。为此，在组织教学内容时，教师
要引导学生去理解"平衡常数K的表达式的意义"，然后让学生理解"$Q_c$的表
达式"，最后，把"平衡常数K"与"浓度积$Q_c$"建立起知识结构关系，如
图1-4-7。

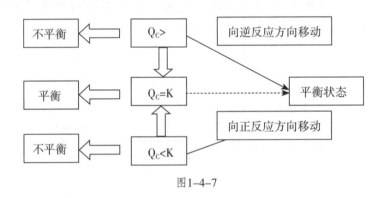

图1-4-7

通过这种结构化的知识，帮助学生理解好概念之间的逻辑关系，提高学
生的核心知识、核心概念的理解，帮助学生从结构化的知识中进一步理解化
学观念。

教师在组织教学内容时应高度重视化学知识的结构化设计，充分认识知识
结构化对学生化学学科核心素养发展的重要性，尤其是应有目的、有计划地进
行"认识思路"和"核心观念"的结构化设计，逐步提升学生的化学知识结构
化水平，发展化学学科核心素养。

化学是什么，化学怎么样？化学能做什么？化学是生活、是科学，它能
帮助人们发现生活、解释生活、掌握方法、发现科学，学好化学就是能更好地
服务生活、发展生产、促进进步、创造未来。初中化学具有承上启下的作用，
它下（开）启生活生产常识，帮助学生去了解生活中的化学现象，上承（接）
高中化学的学习，既能对接未来，又能连接生活。在教学过程中，老师要从两

个方面着手，要让化学回归生活，培养学生的化学兴趣，要帮助学生建立化学学科大概念思想，分析问题的思维，为学生学习打好基础、规范表达、掌握方法、培养能力，要在学科教学中落实立德树人根本任务，培养正确世界观、人生观、价值观、未来观和道德观，发展学科核心素养。

# 第五章　在化学课程实施中发展学生核心素养

中国学生发展核心素养是党的教育方针的具体化、细化。核心素养上承宏观目标，把党和国家教育方针、社会主义核心价值观等有关内容要求具体化；下启教育教学实践，通过课程改革、教学实践、考试评价等落实学生发展核心素养。高中化学学科作为一门自然学科，在培养学生的科学精神、科学态度、科学方法、科学思维、社会责任等方面处于优势位置，学会化学不仅能让学生在高利害性考试中提高学生的成绩，满足学生、家长对升学的渴望，通过高中阶段的学习，可以为社会未来发展培养和输送更多创新型、实践型、研究型人才，更主要的是通过化学学科的学习，让更多的学生认识化学、了解化学，用化学的思维去分析生活中的化学问题，化学现象，提升民族学科素养，促进社会的发展进步。因此，在化学教学中要抓住化学学科的知识内容、学科思想和学科观念，正确认识"三维目标"与学科核心素养的关系，实现从"三维目标"到学科核心素养的转变，从化学学科的特征认识化学课程的学科思想、学科价值、育人目标和育人价值，在化学课程实施中通过教学和评价落实化学学科核心素养，为学生的终身学习奠定学习方法和一般思维模型，促进人格的发展。

## 一、化学学科核心素养的主要内容

《普通高中化学课程标准（2017年版）》指出："高中化学学科核心素养是高中学生发展核心素养的重要组成部分，是学生综合素质的具体体现，反映了社会主义核心价值观下化学学科育人的基本要求，全面展现了化学课程学习对学生未来发展的重要价值。"高中化学学科核心素养包括"宏观辨识与微观探析""变化观念与平衡思想""证据推理与模型认知""科学探究与创新意识""科学态度与社会责任"五个层面。这五个层面的素养既不是"平均主义",也不是"哪一个是核心",而是在学科教学中各有侧重,相辅相成,互相联系,构成整体,分别从知识、技能、方法、观念、实践、创新、态度、责任担当等方面融为一体,反映了学科特点、要求和价值追求,帮助学生形成了面对未来信息化条件下复杂情境的关键能力,为面对复杂的世界变局提供了中国价值、中国态度和中国担当,为复杂的人际交往和合作学习的实现提供了必备品格和人格魅力。

用化学学科核心素养来代替"三维目标",不是弱化学科知识的作用,而是把知识与技能,能力与方法,情感、态度与价值观进行统整,让化学教育回归生活,调动学生学习的内在动力,发挥学科育人的功能,回归育人的初衷,实现学科育人目标。

## 二、化学学科核心素养的描述

用什么样的名称来表述化学学科核心素养,才能更准确地概括化学学科核心素养的要素,更完整涵盖化学学科核心素养的内涵?在高中课程标准修订研究、高中化学学科核心素养确定过程中,先后提出并讨论了几种不同的表述方法。例如,用"宏观变数与微观探析""变化观念与平衡思想""证据推理与模型认知""科学探究与创新意识""科学精神与社会责任"等五项内容做描述。

"宏观辨识与微观探析"要求学生能从不同层次认识物质的多样性,并对物质进行分类;能从元素和原子、分子水平认识物质的组成、结构、性质和变化,形成"结构决定性质"的观念。能从宏观和微观相结合的视角分析与解决实际问题。

可以从下列方面测评学生是否具备了"宏观辨识与微观探析"的素养:

(1)能通过观察和分析,辨识物质在一定条件下存在的形态、性质。

（2）能依据物质的组成、结构和性质特点，对物质进行分类。

（3）能运用化学符号、化学用语正确描述物质组成、性质及其变化。

（4）能根据物质的组成和结构预测物质的性质。

（5）能从物质结构、物质性质与应用的关系，分析物质性质，合理利用物质。

"变化观念与平衡思想"要求学生能认识物质是运动和变化的，知道化学变化需要一定的条件，并遵循一定规律；认识化学变化的本质是有新物质生成，并伴有能量的转化；认识化学变化有一定限度，是可以调控的。能多角度、动态地分析化学反应，运用化学反应原理解决实际问题。

可以从下列方面预测学生是否具备了"变化观念与平衡思想"的素养：

（1）能从微粒的运动、化学键的断裂和形成、反应物间电子得失或转移分析说明化学反应。

（2）能依据化学变化的特征、变化的本质从不同角度对物质及其变化进行分类。

（3）能从定性、定量的角度，结合化学变化中能量的转移对化学反应进行分析和研究。

（4）能用物质质量和能量守恒、联系发展和动态平衡的观点看待和分析化学反应。

（5）能分析生产、科学研究实践的实例，说明人们如何依据物质性质和化学变化规律，控制外界条件，通过化学反应（或进行化学反应实验）实现物质转化、合成和能量转化。

"证据推理与模型认知"要求学生具有证据意识，能基于证据对物质组成、结构及其变化提出可能的假设，通过分析推理加以证实或证伪；建立观点、结论和证据之间的逻辑关系；知道可以通过分析、推理等方法认识研究对象的本质特征、构成要素及其相互关系，建立模型。能运用模型解释化学现象，揭示现象的本质和规律。

可以从下列方面测评学生是否具备了"证据推理与模型认知"的素养：

（1）初步学会通过观察、实验、调查研究等手段收集证据，基于事实和证据，论证、说明化学现象的本质或规律。

（2）能运用事实证据，运用物质性质和化学变化的规律，对有关物质性质和变化的实际问题做有理有据的分析和说明。

（3）能依据事实分析研究对象的构成要素和各要素的关系，建立事物模型、认识模型和数学模型，反映研究对象的本质特征，揭示其中蕴含的规律。

（4）能正确认识模型和事物原形的关系，能应用模型解释说明物质的组成、结构、性质和变化。

（5）能依据新发现、新信息，分析、评价已有的认识模型，指出存在的问题，改进、优化模型，更新认识。

"科学探究与创新意识"的内涵为：认识科学探究是进行科学解释和发现、创造和应用的科学实践活动；能发现和提出探究价值的问题，从问题和假设出发，确定探究目的，设计探究方案，进行科学探究；善于合作，敢于质疑，勇于创新。

可以从下列方面测评学生是否具备了"科学探究与创新意识"的素养：

（1）能从自然界、生产、生活中发现和提出有探究价值的化学问题，确定探究目的，设计、优化探究方案。

（2）能依据探究方案，运用科学的方法通过观察、调查和实验，客观地收集、记录实验现象和数据。

（3）能科学地加工、处理探究过程中获得的现象、数据，通过分析、归纳、推理，得出合理的结论。

（4）能对探究过程、探究的结果、结论做检查和反思，并和同伴交流探讨，研究改进探究方案或提出进一步探究设想。

（5）在探究过程中能尊重客观事实，独立思考，善于和同伴合作交流，敢于质疑，敢于发表自己的见解、看法，不迷信权威，有批判精神和创新意识。

"科学精神与社会责任"的内涵为：具有严谨求实的科学态度，具有探索求知、崇尚真理的意识；赞赏化学对社会发展的重大贡献，具有可持续发展意识和绿色化学观念，能对于化学有关的社会热点问题做出正确的价值判断。

可以从下列方面测评学生是否具备了"科学精神与社会责任"的素养：

（1）具备终身学习、探索求知、崇尚真理、追求真理的意识，初步形成终身学习的能力，形成严谨求实的科学态度。

（2）认识化学、技术、社会和环境之间的相互关系，赞赏化学对社会发展的重大贡献，能运用已有知识和方法综合分析、全面认识化学过程对社会发展的重大贡献，能运用已有知识和方法综合分析、全面认识化学过程对自然可能带来的各种影响。

（3）具有环境保护和合理开发、利用资源的意识，理解和赞赏可持续发展和绿色化学的观念。

（4）能关心并积极参与和化学有关的热点问题的讨论，能权衡利弊，做出正确的价值判断，有社会责任感，敢于参与力所能及的决策和实践活动。

## 三、在学习过程中发展化学学科核心素养

基于化学学科核心素养的化学课程实施，应充分强调获取化学知识的方法和技能对化学学科核心素养形成的促进作用。当化学知识成为学生探究与实践对象的时候，其学习过程就成为学生化学学科核心素养的发展过程，因此，基于化学学科核心素养的化学课程将发展批判性思维和解决问题的过程融入化学知识的学习之中，倡导学习化学知识成为同伴交往与协助、集体创造知识的途径之一。

学生化学学科核心素养必须而且只能在化学问题解决学习中形成和发展。化学问题解决学习不以对化学知识的记忆和理解为目的，而是通过在真实而复杂的情境中提出问题、开展体验和探究活动，训练和运用化学特征的思维方式，最终获得问题解决的方案和结果。在化学问题解决学习中，化学知识的掌握仅是问题解决的副产品。

化学问题在解决学习中的问题时具有情境性。在人类生活、生产活动和

科学研究中，在生命科学、材料科学、能源科学等领域应用中，在解决人类所面临的粮食生产、资源利用、环境保护等社会热点问题中，化学科学的广泛应用性，决定了化学问题具有真实的情境性。真实而有意义的化学问题情境，能够激发学生的兴趣，为学生探究、解决问题提供持久的驱动力。学生在解决这些问题的过程中全面调用和运用已有的化学知识（甚至是跨学科的知识）和生活经验，建构新的认识；体验探究性解决问题的方法和过程，发展化学思维品质；培养科学精神和社会责任感，形成和发展正确的价值观。

化学问题解决学习中的问题具有体验性和过程性。化学问题解决学习中的问题是一种体验性的学习，需要学生通过自身的体验去领悟和感受，将探究获得的化学知识纳入已有的知识结构之中，并上升为化学学科观念。在真实而有意义的化学问题解决中，学生通过阅读、查阅资料、观察实验现象等方法获取、领悟有关信息；学生需要寻找证据，并对证据进行评价应用；学生需要基于化学观念和思维方式不断地寻找解决问题的方法。因此，化学问题解决学习中的问题是学生主动探索的过程。

化学问题解决学习中的问题具有开放性。学生未来生活中所需要解决的问题往往是复杂的、综合的，甚至是不可预测的，综合复杂的问题往往体系开放、环境复杂、方案多样、结果并不确定。化学问题解决学习中的问题离不开学生对信息、证据的选择和评价，离不开学生独立地对问题情境中的众多因素进行多视角的分析和探索，离不开学生迁移运用已有的知识和经验，更需要学生对问题解决方案做出选择。因此，化学课程中的化学问题解决学习中的问题能有效地培养学生的批判思维和创新意识。

## 四、以结构化知识促进学科核心素养的发展

研究表明，只有结构化和功能化的知识才有素养价值，知识内容主题化，有利于反映学科本质和大概念，设置真实情境和挑战性问题任务，促使知识结构化、功能化、本质化、学科化、素养化，有利于学生构建认识模型和经验图式，建构理解、提高能力、发展素养，是核心素养具体化、整合化，避免素养

泛化，形成特定图式，具有可迁移性，具有更好的认识功能。

良好的学习主题应是稳定的认识领域和研究对象，有真实的客观存在和应用，有明确和独立的本源性问题，需要独特的认识角度、认识路径、推理判断，具有大概念和结构化的知识内容，与其他主题具有实质性联系。比如，为了发展学生"宏观辨识与微观探析""变化观念与平衡思想""证据推理与模型认知""科学态度与社会责任"等化学学科核心素养的发展要求，教材通过安排以下主题——化学科学与实验探究、常见的无机物及其应用、物质结构基础及化学反应规律、简单的有机化合物及其应用、化学与社会发展等，使学习的知识结构化、功能化。

知识是连接过去、对接未来的主要载体。学生通过对知识的学习，可以了解人类发展成果，而且通过知识的学习和训练，把知识不断内化为解决新问题的能力和经验方法。当然，不是什么知识都是有价值的，只有常学才能常新，而那些学而不用的知识是死知识、僵化知识。同样，孤立的、碎片化的知识也是没有意义的，只不过是一种信息，只有形成结构化的知识才能融会贯通，才能发挥出知识结构上的"结"的作用，知识网络才显现出强大的张力和生命力。

在学科教学时，教师根据不同主题进行知识结构化处理。建构主义理论认为，知识是学习者在自己经验基础上的主观建构。要实现知识结构化，不是告诉学生，而是让学生在真实情境学会去解决问题，在解决问题中自主、自动地调动已有知识，自我发现知识之间的联系，融合知识之间的关系。

比如，在学习了"化学反应速率和化学平衡""水溶液中的离子平衡"后，教师为了突出知识之间的联系以及强调"化学平衡"的重要性，对知识进行结构化处理，如图1-5-1。

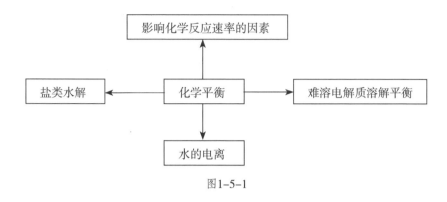

图1-5-1

## 五、聚焦学科大概念，彰显知识对素养发展的功能

知识是认识主体针对研究对象，在特定问题驱动下，选取特定认识角度，经历特定推理过程和认识路径，形成的特定认识结果。知识具有以下认识功能：认识角度、认识路径、推理判断。不同知识的认识功能和素养发展价值不同，统摄性和结构化的知识具有更强大的功能价值，以大概念知识进行教学，有利于知识结构化和功能化，这样知识更容易转化为素养，为促进素养的形成和发展提供应用性的抓手。

例如，促进宏观辨识与微观探析素养发展的核心知识内容包括价类二维元素观、基于电离和离子的微粒观、基于化学键的微粒作用观等。变化观念与平衡思想素养的核心知识内容包括氧化还原反应、离子反应、化学反应与能量转化、化学反应限度和速率等。无机元素化合物的性质、变化和应用对于证据推理与模型认知素养的要求很高，元素周期律（表）模型及其应用、化学键模型及其应用非常有利于培养学生的证据推理与模型认知素养。

## 六、以学业评价促进化学核心素养发展

核心素养是个体在其特质和特性基础上，经过后天学习将知识与技能、认知与情感、价值观与自我概念、发展动机与德行融为一体的复杂心理结构，是个体的潜在特质。

学科核心素养可以借鉴哈佛大学麦克利兰（David McClelland）教授的"冰

山模型"来解释，水面之上的部分是显性的，学科核心素养的大部分要素并未表现出来，处于水面之下。但是冰在水面之上和水面之下的部分必然存在内在联系，学科核心素养与个体在某一特定情境中所表现出的行为有着明显的因果关联，而特定情境中的行为表现反映了个体在一个持续的、特定的时期内的知识和技能的应用能力、思维方式和价值取向。

素养不会凭空产生，它是在后天的学习、生产和实践活动中经过一系列的训练才能形成的。有学者在研究中分析了学生核心素养与个体特质、知识、技能、情感、态度之间的关系，是个体学习经验的整合、内化和升华。个体的核心素养能通过一定的方式表现出来，可以通过对这些表现来评估核心素养水平。学生化学学科核心素养的后天习得性，说明通过这些化学课程的实施能够培养学生的化学学科核心素养，也能够对学生学习过程中化学学科核心素养的形成和发展进行检测和评价。而在特定情境和条件下学生的外显的行为表现，可以在一定程度上反映出学生的化学学科核心素养水平的高低，就如在上文中提到的，会开车只能说明驾驶者掌握了一定的开车技能，但开车过程中见到行人主动停车让行人经过，礼让行车，敬畏生命，这些是可以通过开车者的行为表现进行评价的。

在化学教学中，教师建立以核心素养为导向的评价和反馈体系。例如，运用化学学科核心素养的形成性评价工具，对学生化学课程学习中的表现进行长时间持续、完整的记录、评价和反馈；在面向全体学生的统一考试中，将对化学学科核心素养的评价融入学科考试之中；研究在真实情境的问题解决中考查学生跨学科的问题解决能力等。

在学习"铁及其化合物"的性质时，教师设计了以下问题：

向盛有2ml维生素C溶液的试管中滴加几滴黄色的氯化铁溶液，请设计两个实验方案证明上述实验中已发生了氧化还原反应。（可供选用的试剂：0.01mol/LKMnO$_4$溶液，0.1mol/LKSCN溶液，0.1mol/LK$_3$[Fe（CN）$_6$]溶液）

方案一：_____。

方案二：_____。

两个方案中涉及的离子方程式为：_____。

以上学习活动基于真实的情境，把化学知识与生活问题联系起来，教师通过课堂评价，激活学生对学习过的$Fe^{2+}$与$Fe^{3+}$的检验方法，$Fe^{2+}$与$Fe^{3+}$之间的相互转化条件。学生通过课堂评价，发现自己思路上存在的不足，提升自我反馈习惯，通过课堂教学评价让学生巩固了学过的知识，激活已有的知识经验，提升知识的应用能力，促进能力的提升，更主要的是培养学生运用知识解决问题的习惯和一般思维路径，达到了既巩固知识又构建了新的知识经验的目的。

评价能促进学生元认知能力的发展。解决问题的过程也是进行评价的过程，学习者之间通过讨论和比较、倾听和思考，不断评价自己的方案或方法，比较他人的表述，不断提取自己知识储备，寻找最佳的问题解决方案，在共同的学习中培养合作能力、待人处世品质、处理问题方式。基于学科核心素养的教学，是学习者掌握知识的过程，也是提升解决问题能力的过程，发展元认知的过程。教师要积极引领学生在知识学习中，通过对学科知识的学习，掌握学科核心概念和内涵特征，落实学科素养，实现育人的价值。

# 第二篇

# 学习的本质思考

学习是一项复杂的社会活动，它涉及广泛的科学知识，比如生物学、生理学、生物化学、控制论、遗传心理学、社会心理学、社会学、人类行为学、认知科学、教育学以及人工智能。过去，人们总以为学习就是教师教，学生认真听，若你听不懂，说明你没认真听，这种观念把学生当成"知识的容器"，老师拼命往容器里"灌注"，接受得多证明你聪明，接受得少证明你不够聪明，把遗传作为衡量学习者学习质量的唯一影响因素。此外，教师在进行教学时，常常是基于自己的知识经验以及教学经验，很少关注和考虑学习者的经验，导致教学沿着教师设计的"道路"前行，这种教学行为导致了学生被动地接受，很难激起学习的兴趣，久而久之，学习者失去了学习的动力，更谈不上如何去发现知识、发现自我、自主学习、建构知识。

# 第一章　教育是推动人类社会发展的动力

学习是人类为了适应当下和未来社会发展而进行的一种活动。自从有了人类社会，学习便开始了。在石器时代，人类为了适应自然，并寻求自身的生存，在与自然的斗争中不断地进行学习，包括学习使用工具，改良工具，学习扑杀动物，以及学习掌握简单的耕种技术，人类通过学习，促进了人类大脑和肢体力量的发展。到了农耕文明时期，随着人类自身积累的生活经验的不断丰富，学习的"知识"也有了较大的进步，长者或者父母亲或者社会群体之间，通过口口相传的方式把智慧和经验传递给后生，特别是文字出现以后，加快了人类学习进度和学习知识的范围。但是，由于技术的落后，导致知识或者信息的更新或者传播速度很慢，因此，"知识"只掌握在少数人的手里，学习者获取知识只能在一个很小的范围内，比如，书塾、祠堂或者是贵族的家里，另外一种就是师傅带徒弟的方式。到了工业时代，私塾制方式已经难以适应机械化大生产所需要的劳动者的培养需求，特别是工业化发展，社会生产力获得了进步，社会生产要求懂技术的工人，为了适应社会生产技术人才的要求，学校应然而生。学习者被统一安排在固定的场所，接受统一内容的学习，通过学校教育，有越来越多的人有机会接受规范的学习，规模化的教育让社会获得了巨大的进步。为了提高教育的规模，开始了班级授课制与之相对应。这样的学校在我们中国很多地方还可以看得见。这个时代的学校，是以班级制为代表的学校，它是适应工业社会发展的。教学走向大众化，班级授课制成为了主流，培养的人才非常适应流水线，只要守时健康，勤奋守规则，就是一个非常合格的工人。特别是人类社会进入20世纪以后，随着心理学的产生，以及后来脑科学的出现，教育学与心理学相结合，使人类的学习获得了巨大进步，在这个时期，产生了一大批教育学家和心理学家，像皮亚杰、纳金斯、杜威、维果斯基等。他们提出了很多新的教育理论和教育模式，推动了学习的空前发展。后来，这些教育学习理论传入中国，经过在中国的实践和创新发展，产生了一批有影响的教育学家，比如蔡元培、陶行知、陈鹤琴、张伯苓、晏阳初、胡适等。他们的教育思想对近现代中国的教育产生深远影响。进入21世纪后，社会信息化程度加快，人工智能、大数据、云计算、区块链等技术迅猛发展，世界每天产生的信息量呈几何级猛增，每个人都可以是知识信息的创造者，也是信息的"消费者"，面对日新月异、种类多样的社会信息和新技术、新变化，互联网让教育获得了前所未有的进步，给学习带来很大帮助。同时，面对海量信息，学习者如何从中分析、筛选、提取自己所需要的信息，并借助信息技术反馈自己获取的信息情况如何？这给学习带来了新的选择、新的机遇与新的挑战。

今天的时代充满着不确定性。几千年前，古希腊哲学家赫拉克利特曾说过，这个世界唯一不变的就是改变。这个改变是缓慢的改变，人们的认知速度一直没有变快，科学界人士测算，人类已经掌握的全部知识，约有90%是第二次世界大战后取得的，其余的10%是在此之前的几千年之内逐步积累起来的。相当长的时间，人们学习的知识几乎没有呈现变量的态势，一直波澜不惊。只是在1976年前后，世界知识的增长速度远远超越了每个人的学习速度，进入智能化时代后，知识进一步激增，"缓慢改变"的时代正在变成"瞬息万变"的时代。

无论是"缓慢改变"还是"瞬息万变"，也无论"新技术"如何变化和发展，人类学习的本质并没有变，就是学习不仅是一种个人行为，更是一种社会性活动，人类的学习是在社会的交互中相互借鉴，在活动中获得提升，在进步的基础上获得新进步，"学习"不仅促进了个体的发展，也推动了社会的进步。

当然，新技术的发展改变了学习方式。教育不可能只是传授知识或技能，而是培养学习者的深度思考能力和自主发展能力，教育的目的不仅是帮助学习者去适应复杂多变的社会环境，还要发展学习者在复杂多变的社会环境中的创造力，发展适应和改变的能力。同时，教育者和学习者之间的身份不再像现在这样清晰，将变得模糊，能者为师将是这个时代的鲜明特点，教育者和学习者之间相互学习形成学习共同体，对复杂问题更多是采用"苏格拉底式"的方式，以激发相互之间的思维灵感。虽然方式改变了，但教育作为推动人类进步发展的作用没有改变，而且更加多元和多样化，学校教育也将在这种变化中既坚守教育本真，又主动适应变化、接纳变化、主动求变。

# 第二章　学习的本质

在20世纪，人类"学习"的概念获得了重要的发展。对行为主义者来说，学习就是"通过强化刺激而使反应强化"。认知心理学的出现带来了根本的变革——聚焦信息处理的核心作用。不过，它终究仍然是停留于以被动的学习反复来掌握知识的学习观。于是，聚焦"作为意义生成的学习者的能动作用"的"知识建构"的新的"学习"隐喻问世了。到20世纪末，这种建构主义通过聚焦"认知与学习的生成情境的重要作用"而得以精进。而今强调"参与"与"社会交往"的社会建构主义"学习观"成为新时代课程发展的主流性见解，它"有助于我们创建各种教育项目，来促进更高级的、更整体的、更复杂的人类学习"。

人在本质上是社会的动物，但人类的学习不能简单化地等同于动物学习。人类学习的特质是社会性，不是通过个人行为进行的，学习是一种社会认知行为。学习是社会的过程，离开了社会就不会有成长与变化，学习即人的成长与变化，这种成长与变化是在同他人共同作业的条件下出现的，这就是"学习的社会性"，它需要借助共同的、小组的、合作的方式，通过活动、对话与交流，以激发和唤醒人的内在的思考，在同他人的共同作业中自己获得了自己变化，从而突破自身的界限。如下一段对话是学习作为社会性活动的例子：有一个4岁的女孩，她早上出门，在路上不小心把手里拿着的玩具丢了而哭泣起来，父亲问道："今天到哪里去玩了？"父亲让女孩通过一天的回忆找到了玩具丢失的场所。经过三番五次的询问，女孩终于恍然大悟："哦，是丢在了同妈妈一道出门去买东西的车子上了。"女孩子说着拔腿就跑，去取自己的玩具了。这一段场景描述的是找寻丢失玩具的父女之间的问题解决活动。通过共同地回忆一天之中的活动与行踪来求得问题的解决。从记忆心理学的角度来说，是关于元记忆技能学习的一个场景。管理记忆的元记忆技能形形色色，这个案例可以说是女孩同父亲一道学习回忆一天行动的回忆技能的一个场景。在这个案例中，问题最终得到了解决，女孩终于想起那玩具是在哪里丢失的。在这里设想一下，究竟是谁想出的呢？是女孩吗？女孩丢失了玩具而哭泣，告诉父亲之后，女孩不能独自回想起来。那么是父亲吗？父亲并没有拿着玩具出门，根本就不知道玩具丢在哪里，所以，也不是父亲。这样，能够回想出来的，并不是单独的一个人，必须是两个人，或者必须是一个小组的合作行为。在这个案例中，父亲三番五次地询问女孩：起先拿着玩具去哪里了？回家时有没有带？是从哪里出门的？当时玩具带回来了吗？通过询问，借助两个人的对话，女孩想出来一个人所不能想出的事情。小组合作使得一个人回忆不了的事情变为可能。这个案例也可以说是元记忆的案例，元记忆的认知过程在一个人的头脑中原本是不可能的。就是说，亲子一道进行探究的社会环境是必须具备的。倘若没有这种社会环境，认知过程原本是不可能的。学习的这种社会性不仅适用于幼儿初学者，也适用于工厂工人的学习。重要的是，在课堂的学习中更应当关注学习的社会性，因为现实的课堂存在着由于过度聚焦个人而忘却了学习的社会性倾向的现象。

学习的本质告诉我们，教学的过程要通过师生的共同参与，生生之间的相互讨论，这样才会有质量上的大幅度提升。在平时的课堂教学过程中，有的教师常常忽略了学习的社会特质性，把教学变成了"教"，教师一个人"主导"了教学的全过程，承担了课堂上的全部任务，本应让学生参与的教学活动却没能让学生参与其中，这样，教学就成为了知识的灌输，学生成为知识的"接收器"。"独学而无友，则孤陋而寡闻"，这充分说明了学习的社会性本质，反映了同伴关系之间的相互对话和交流对学习的促进作用。日本教育学家佐藤学教授提出"学习共同体"理念，他认为，学习是一个对话的过程，包括与老师的对话，与同伴的对话，与书本的对话，与自己的对话。因此，课堂教学是一种学习活动，要通过开展小组学习、合作学习，充分发挥学生学习自主性，让学生在小组合作中去探究、去发现问题，自主地寻找问题的答案。同时，也可以是在教师的追问下，让学习者不断思考老师提出的问题，通过问题回忆、提炼、归纳、反思而获得具体或正确的答案。通过学生的独自思考而获得问题答案能让学生在思考过程中重构知识，促进高阶思维的发展。

开展合作学习，小组之间相互学习和交流，不仅可以弥补课堂上因教师未来得及讲而遗留的问题，并且有的问题有的时候学生之间交流会比直接向老师请教更有效果。而且同伴之间学习，可以发现对方的优点，弥补个人知识、能力和方法上的不足。通过小组之间的交流，锻炼了口头表达能力，提高了知识建构能力，增强了与人合作交流，促进高阶思维的发展。

比如，在学习"$Fe(OH)_2$的性质"时，学生在做"向$FeSO_4$溶液中加入$NaOH$溶液"的实验时，看到不是白色沉淀，而是先生成灰白色沉淀，然后迅速变成灰绿色，最后变成红褐色。此时，老师抓住时机提问："为什么看到的现象与理论上有区别，要想清楚看到并得到$Fe(OH)_2$沉淀，应该采取什么措施，你是如何设计实验的？"这个问题具有很强的开放性和思维深度，问题涉及物质分类，$Fe(OH)_2$的性质，氧化还原反应，分析影响实验的原因，化学实验操作，等等。学生针对问题，展开讨论，分析很难看到白色沉淀的原因，如何杜绝和减少外界因素对实验结果的影响，学生们针对问题，分析原因，设计实验，讨论方案。在学生进行讨论的过程中，老师留给学生充分思考的时间，让学生的思考往更深层发展。当然，当学生思考遇到障碍时，教师给予适当的启示，为学生搭建台阶，但不是告诉学生具体答案，学生通过讨论，交换意见，产生思维碰撞从而引发高水平的思考。经过几轮讨论和完善，最后学生设计出很多有意义的实验设计方案，并且很多的方案是老师在教学设计时未曾想到的。而且，通过学生之间的相互讨论，能深刻地掌握$Fe(OH)_2$的性质，同时，培养学生如何开展合作学习，如何在遇到陌生的问题时调动和提取记忆中的内在资源。

学习的这种社会性特质在人一出生就开始了。最能清晰地反映人类学习特质的是儿童学习概念与语言的过程。一个人从他出生后，只会啼哭，不会说话、不会走路，这些是在同母亲或家族成员的活动中发展起来的。婴儿同母亲与家属一道学习单词的姿态就是人类学习的典型姿态，试想一下一个婴儿与母亲"学习"的场景：在多数场合婴儿发出了某种声音，如在一岁前后开始牙牙学语，但这种牙牙学语不是明确的单词的发声。然而，这种"哦哦"之类的发声，母亲也会做出即时回应，用"大人"的语言询问婴儿："怎么了，肚子饿了吗？尿湿了吧？"新的家族的沟通于是在这种"对话"中慢慢形成了。这个婴儿是不可能一个人"沟通"的，但在同母亲的共同活动中使"沟通"得以非常轻而易举地形成：发出某种适当的声音，母亲加以回应，沟通就形成了，母亲并非让婴儿掌握某种语言学知识，婴儿也并非想要掌握这种知识，而是通过同母亲的沟通对话，满足饱腹，避免不适，全然是一种生存实践活动。可以说这种活动正是一切学习的基础，语言的实践活动本身就是婴儿的语言学习，这种语言学习有别于学校的学习，无所谓失败。母亲与其家族把婴儿发出的声音视为一种言语来加以接纳，类似于"即兴表演"。婴儿是学习语言的天才，他们正是在母亲与家族准备好的安全、安心的环境中，在与失败无缘的环境中，逐渐成为使用语词的高手。

维果斯基把儿童与母亲以及家族进行的环境创造活动，称之为"最近发展区"。这种"最近发展区"成为儿童创造性地模仿成人语汇的环境。儿童接受母亲家族的帮助，突破自身的界限；成人也获得一个新的家庭成员。把原本未曾有的相互关系与相互关爱的关系直接连接起来，开拓这种新的活动环境，这就是"最近发展区"。语言发展研究表明，儿童不是一板一眼地模仿的，儿童语言发展中的模仿是非常有选择性的，过分难的不模仿，过分简单的也不模仿。实际上对于儿童而言，大凡模仿的多少是些困难、多少带有些挑战性的语汇。"最近发展区"从某种意义上说，就是儿童从不会到会，当下儿童的姿态亦即还不会说单词、不会写字，但是同周围的成人一起形成"最近发展区"的时候，就能够正确地说出单词、正确地写出文字了。人类的学习就体现了这种特性。一个人降生时是一个不会说话的存在，在同家族与周围成人一起活动之中，就能变成一个"会说话"的人，能够轻而易举地超越原本不会说话的制约与极限，成为受到作为一个家族成员的照料，受益于关爱的一种存在。这种"最近发展区"的作用不仅可以从婴幼儿身上看到，我们在入学的儿童、青年，甚至成人身上也可以看到。在"最近发展区"中婴儿成为一个会说话的人乃是一个非同小可的创造性过程。人们是彼此不同的个性的存在，有不同的肤色、语言等，民族性也各有差异，有时这种存在作为一种制约与限度会束缚我们的手足，但同时又能突破这种制约以及束缚成为另类的存在。

学习与发展是密切关联的。维果斯基指出，婴儿与母亲一起形成婴儿发声的有意义的环境，这就是学习活动。同样，教师通过课堂教学，与学生之间开展对话性的实践，从而促进学生能力的发展。教学过程中，教师根据学生的基础和能力，通过设计一定梯度的问题，让学生进行思考，学生在思考过程中进行对话交流，教师针对学生的讨论既可以给予适当的提示，以帮助个别能力弱的学生引导，同时也给能力强的学生提出难度稍大的问题，让不同层次的学生都有不同的思维难度，老师也可以在学生讨论的过程中安静地倾听，以发现学生思考问题有哪些不足，或者有哪些好的思维观点，等学生在交流后，让学生发表自己的观点和答案，全班学生之间分享好的答案，或者一起寻找有的答案中存在的不足，甚至错误答案的原因。这种集体性的学习活动，让每一个学生得到充分的发展，符合"最近发展区"，超越了个人当下的思维层面。

随着脑科学的发展和医疗领域的脑成像技术的不断进步，我们可以看见人脑是如何发挥作用的。由此获得的发现迅速地拓展到人们对教与学的理解上。如今，我们可以知晓学生学习的时候脑是怎么发挥其功能的。"脑有两个癖好：自我保护与统整信息。"脑总是在寻求有意义的范式，排斥无意义的东西。它不能保持碎片化的信息，却能够极其有效地以模块化的形式记住信息的意义得以揭示的主要概念与判断，并总是不断地将局部链接成一个整体。因此，把新的知识同已知道的知识链接起来，就是人的学习。

脑科学告诉我们，在教学的时候，不是教师把知识点一个一个地告诉学生，而是要帮助学生如何把知识联系起来，形成一张知识网，否则，课堂上老师讲得再好，讲得再精彩，下课以后学生将可能把这些碎片化的知识忘得一干二净。要提高学习的效果，必要的讲解和传授是必需的，当讲解完之后，要给学生自我构建知识的机会，最好就是让学生在问题的思考过程中去回忆知识，把新问题与已有知识联系起来，这不仅增强学生的记忆力，而且让学生用旧知识去联系解决新问题，从而把新知识融入自己的知识经验中。

比如，初中化学"金属的化学性质"（第二课时）"金属的活动顺序"的教学时，教师设计了以下教学情境。

复习回顾：

（1）比较Fe和Cu的活动性：_____，你的依据是：依据1：_____；依据2：_____。

（2）回忆之前做过的实验：将铁钉放入硫酸铜溶液中，现象是：_____，该反应的化学方程式是，_____，是_____反应类型。

探究新知：联系Fe和Cu的活动性，你有何发现？

设计实验验证你的猜想，实验室现有试剂：铝片、镁条、铁钉、锌粒、铜片、硫酸溶液、盐酸溶液、硫酸铜溶液、硫酸铝溶液、硝酸银溶液

为验证你的猜想，你选取的试剂是_____。

（1）提出假设：_____；

（2）设计实验方案：_____；（3）根据实验方案进行实验，观察到的实验现象是_____；得出结论：_____。

在以上的教学片段中，第一个问题与第二个问题之间有密切的联系，除了老师要用来检测学生对上一节课所学习的内容的记忆和理解外，同时，通过比较Fe和Cu的活动性，让学生把旧知识与新学习联系起来，为新知识或新问题的学习搭台阶，通过两个教学环节，能很好地把学生的注意力集中到教学的内容上来。教学的核心是要改变学生的思想，包括他们知道什么、相信什么以及如

何思考，在某种程度上，如果想改变学生，教师就要不断地解读学生的思维活动，比如，他注意力集中吗？他们理解了什么或者不理解什么，他们到底是怎么想的？只要知道了学生有了什么，他们是怎么想的，老师要如何帮助学生去思考，并且促进他们的理解，这样，学生的学习就真正地发生了，教学的目的才能达到。

脑在发现信息本身的意义上比之灌输现成的信息能更有效地学习。脑对于表层的意义并不怎么反应，但对发现深层意义——同自己的生存方式相关联的，或改变认识的，或诉诸情感的有助于个人发现其深意的信心，却能够有效果、有效率地做出反应。"学习"是未知知识与已知知识的链接，教师必须为学生提供新旧知识链接的机会，即教师必须做到：明确所教学科的重要概念、原则与技能；洞察学生的学习需求；利用这种学习需求，为每一个学生提供他们能够把既知的知识与教学要求的内容关联起来、求得理解、参与学习的机会。

每一个人的大脑都是独一无二的，学生的个性是多种多样化的。正如达尔文所说，所谓学习是人类旨在适应不断变化的环境而采取的生存手段，人脑的微观世界中所谓的学习，意味着旨在传递信息的神经细胞型的新的链接。在脑科学看来，所谓学习及新的神经通路的形成，脑拥有形成新的神经通路的机制，这就是神经细胞的增加，突出的发芽与突出的可塑性，这样突出的可塑性的发展，突出长期正常的发展，还是学习重要的神经学基础，脑科学的发展为揭示人类学习提供了神经科学与神经心理学的事业。

1992年，马尔扎诺（R.J.Marzano）从知识处理与思维系统的角度提出了"学习维度"（dimensions of learning）的概念。"学习维度"的概念把"学习"分成如下的维度（层次）：第一维度，学习的态度与感受。大体可以分为对课堂氛围的态度、感受与课堂教学的课题。前者牵涉来自教师与伙伴的接纳的感受，以及创造快乐而有序的课堂氛围。后者关系到对课堂教学中课题的意义与趣味的认识，体悟到自我效能感。第二维度，知识的习得与整合。习得的知识类型大体分为概念性知识与程序性知识。前者是有关变形虫、民主主义之类的事实与知识，后者是加法运算和图表阅读之类的步骤性知识。不同的知识类型要求不同的教学方法。第三维度，知识的拓展与凝练，习得与整合知识并不是终结，而是借助知识模块的新的划分或错误概念的修正，来拓展与凝练知识，学习者就能发展深刻的理解。学习者通过分析运用比较、分类、抽象化、归纳性推理、演绎性推理、支架构成、错误分析、见解分析等思维过程，可以掌握所学的东西。第四维度，知识的有意义运用。教授知识与技能的终极目的是使儿童在日常生活中能够应用这些知识，以决策、问题解决、发明、基于实验的探究、调查、系统分析等思维过程为中心，可以促进知识的有意义运用。第五维度，心智习惯。获得内涵性知识当然是重要的，但要成为优秀的学习者，重要的是发展有效的心智习惯，包括批判性思维、创造性思维与自我调整思维。

# 第三章　影响学习效果的因素

从学习本质发展看，学习不是单一的活动，而是受多因素影响的社会性活动。一个人的学习品质和学习质量的高低，既受先天因素的影响，更重要的是受后天生活中周遭环境的影响。先天因素是指，有的人出生下来以后或者在婴幼儿时期受疾病的影响，导致身体和大脑等方面发育不健全或者残疾，从而影响其以后的正常学习生活。后天因素一般指家庭环境、父母受教育程度以及父母对教育的理解、学校教育文化氛围、教师的教育教学方式以及学习者的周遭环境。对于大部分人来说，后天因素将持续影响其一生。本节主要讨论后天因素对学习品质和学习质量的影响。

**影响学生学习效果的因素之一：学生的学习方式**

学生的学习方式对其学习效果影响很大，有的学生在学习时，经常采取记忆的方式去记住碎片化的知识，没有对知识之间进行联系，对核心的知识或关键知识不清楚，学习变成了知识点的堆积，增加了学习负担，这种学习方式，导致知识在大脑中没能留下痕迹。如果是考查陈述性知识，学习成绩相对较好，这种学习方式在小学低学段比较明显，因为学生学习的知识内容相对较少，记忆起来比较容易，所以小学低学段的学生其学习成绩分数都比较高，除非是不认真去背书，但若是考查程序性知识或者策略性知识时，这种学习的效果往往较差，特别是面对新情境时更是感到无从下手，这种情况在中学阶段表现比较明显，单靠记忆和背书中知识内容，很难达到教学的要求。学习方式将影响思维习惯，直接影响学习质量，影响后续学习能力的发展。要转变学生的学习方式，需要教师在教学时，告诉学生学会以知识为核心，并将知识点相互串联，把学习的目标和内容具体化，并通过知识点的重现来记住知识之间的相互转化关系。在学习有机化合物时，记住典型的物质性质是必要的，但如何实现知识的迁移，提高在陌生环境下解决问题的能力，这就需要学生将各官能团之间的相互转化关系"串联"起来，才能把复杂多样有机物之间的性质关系记住、记牢，这就是学习方式的转变。学习方式不改变，只是一味去记住零散的、碎片化的知识点，这种学习方式，不可能促进思维的发展，不可能提高学习能力，只能是增加了学习上的负担。

**影响学生学习效果之二：学习者的已有知识**

人类被看作由目标指引积极搜寻信息的行动者。他们带着丰富的新型知识、技能、信仰和概念进入正规教育，而这些已有的知识极大地影响着人们对周围环境的关注，以及组织环境和解释环境的方式。反过来这也影响着他们记忆推理、解决问题、获取新知识的能力。即使婴儿也是积极的学习者，他们把自己的观点带入学习情境，他们走进的世界不是一个"乱哄哄的地方"，不是一个任何刺激都同等重要的场所。相反，婴儿的大脑优先接受特定的信息：语言、数字的基本概念、物理特征以及静态和动态物体的运动。

从最一般的意义上说，现代学习观就是人们用他们已知道和相信的知识去建构新知识和对新知识的理解。对新事物的理解总是带有已有的知识和经验，"傲慢与偏见"就是说明了有些人在看事物时总是带有个人的主观"色彩"，带着过去的经验和理解去看新事物，既看不到客观事实，又看不到新的变化，我国古代的寓言故事"刻舟求剑"或者人们常说的"一根筋"，就是说明了某些人看问题的固化思维、已有经验和狭窄眼光。再比如，有一个经典的儿童故事也说明这一点。

**【资料】鱼就是鱼**

有一条鱼，它很想了解陆地上发生的事，却因为只能在水中呼吸而无法实现。它与一只小蝌蚪交上了朋友。小蝌蚪长成青蛙之后，便跳上陆地。几周后青蛙回到池塘，向鱼述说它所看到的一切。青蛙描述了陆地上的各种东西：

鸟、牛和人。

这个故事呈现了鱼根据青蛙对每一样东西的描述所创作的图画：每一样东西都带有鱼的形状，只是根据青蛙的描述稍作调整——人被想象为用鱼尾巴走路的鱼，鸟是长着翅膀的鱼，奶牛是长乳房的鱼。这个故事说明，在人们基于自己已有的知识建构新知识中，创造性的机遇和危险并存。

为了使科学理解替换幼稚理解，学生必须把幼稚理解呈现出来，并有机会了解他们的缺陷。我们在教学的过程中，不能只关注知识的本身，为了判断学生是否真正地理解了有关知识以及他们运用知识的能力，教师要通过活动，让学生在活动的过程中自主提取相关的知识、联系知识和建构知识，教师则通过这个活动的过程去发现学生对知识的理解程度和能力提升程度，只有多呈现缺点和不足，才能清楚不同学生的思维和分析问题的能力。

比如，在学习有关$FeCl_3$与$Cu$是否反应时，学生往往受到前概念的干扰，认为它们之间不会发生反应，因为在初中学习金属的活泼性强弱时，知道$Fe$比$Cu$活泼，所以，学会$FeCl_3$与$Cu$不反应，如果这个时候教师强烈告诉学生，它们之间是可以反应的，这并不能让学生信服，并且即便是当时记住了，以后也会遗忘，这个时候，教师可以通过设计探究实验，让学生亲自动手实验，自主去探究。通过实验，学生发现它们之间确实能发生反应，但为什么能发生反应呢？这个时候教师才慢慢介入，分析它们之间的反应不是金属活动性的比较，而是由于$Fe^{3+}$具有加强的氧化性，能与$Cu$发生氧化还原反应，从而发生了反应。为了检查学生是否真正的理解，教师通过设计$FeCl_3$溶液是否能与$Zn$、$Fe$、$Mg$等金属反应，让学生展开思考。

通过探究实验，让学生打破其前概念，然后教师则在学生疑惑的基础上进行解释和引导，建立新的认识。接着，教师还需要通过一定的问题帮助学生巩固新知识，把新知融入旧知。如果教师在讲完了一个知识点后就以为学生已经理解了，那是片面的。在教学中，不是看学生听得怎样，关键是看学生能做得怎样，以及是否会反思和如何进行评价，这样的教学才是真正落到实处。

已有的知识经验、知识背景、生活经历，是影响学习的前提基础。先前的知识经验是后天学习的基础，影响学习者对信息的判断、理解、整合和迁移，影响学习的进度和质量。没有知识就没有技能，学生已具备的知识、学到了什么，缺少什么，需要补充什么，以学来确认学生已经知道了什么，并根据学生已掌握的知识和能力来安排教学计划和制定教学时间。这是确定教学目标，选择教学内容和难度，采取教学策略，安排教学进度的基础。在教学设计中，教师必须根据学生的学习基础来安排教学计划，而不是根据教师的喜好，或者完全依据课程标准和教学大纲的要求来开展教学，正所谓"教学有法，教无定法"，就是要根据所面对的具体的学生来决定教学的方法。

学生已具备的知识不同，那么就意味着不同的学生在一个单元的学习中具有不同的见解，所获得的学习效果不一样，能力的提升水平和程度不一样。在课堂教学时，我们常常发现，有部分学生，老师只讲一遍就马上能领会和理解；有的学生，老师讲了两遍三遍甚至更多遍还是不能理解，这就是学生已有知识与新知识之间未能建立起关联，没有旧知识做"脚手架"，新知识很难融入其知识经验。比如，对于初三学生来说，在学习"酸碱盐"知识时，学生对于"盐的概念"总是受到日常生活中"食盐"的影响，甚至有的高中学生在学习"盐类水解"时，常常受到"盐溶液就是呈中性"的影响，这其中就是其先前知识的思维影响了后继学习，这种现象老师们在教学中常常遇到。特别是当学生从初中跨入高中学习后，这种先前的知识经验影响了对新知识的理解，我们常常说初高中的衔接很重要，但又很难，有的学生初中学习成绩不错，但进入高中学习后，对高中的学习要求往往经历一段的"阵痛期"，这是因为学生受到已有知识经验和思维习惯所造成的影响。

**影响学生学习效果的因素之三：知识的呈现方式**

基于化学核心素养的教学，就是为学生设计问题的学习，使知识的形成条件化、情境化、问题化、具体化。所谓条件化即把知识还原带回原来的地方，让学生明白知识、原理的来源和形成的过程，清楚科学家研究知识的来源方法过程。知识呈现的方式即知识的情境化，情境化包括社会化、生活化、学科化和思维冲突。比如，在学习"氯气"时，教师不是直接告诉氯气有什么化学性质，设计条件化的任务，让学生通过阅读教材中的"科学史话"，以寻找知识的来源。

**【科学史话】氯气的发现和确认**

1774年，瑞典化学家舍勒在研究软锰矿（主要成分是二氧化锰）的过程中，将它与浓盐酸混合加热，产生了一种黄绿色的气体，有强烈的刺鼻气味。舍勒对这种气体进行了研究，但他受当时流行的说法——燃素说（后来证明是错误的）影响，未能确认这种气体的"庐山真面目"。后来的研究者又被当时得到广泛认同的"一切酸中含有氧"的观点所束缚，认为舍勒制得的黄绿色气体是"氧化的盐酸"气——一种氧化物。英国化学家戴维曾通过多种实验想把"氧化的盐酸"中的"氧"夺取出来，但都未能实现。直到1810年，戴维以大量实验事实为根据，确认"氧化的盐酸"不是一种化合物，而是一种新元素组成的单质，他将这种元素命名为chlorine。这一名称来自希腊文，有"绿色"的意思。中文译名曾为"绿气"，后改为"氯气"。

再比如，在学习二氧化硫性质时，通过设计了真实情境，让学生在真实情境下进行训练，把学过的知识应用于问题的解决，提升学生学以致用能力，培养学生的思维兴趣，在真实情境中提高学生的能力，发展学生化学学科核心素养。

**【阅读资料】**

国家环保局、中科院和教育部共同主持的"我国酸沉降及其生态环境影响"课题评估了酸雨未来发展趋势，预测我国酸雨在2020年前仍呈发展趋势，并提出了酸雨控制综合对策。研究结果表明，酸雨对我国农作物、森林等影响巨大，仅江苏、浙江等七省便因酸雨造成农田减产约1.5亿亩，年经济损失约37亿元；森林受害面积128.1万公顷，年木材损失6亿元，森林生态效益损失约54亿元。这份报告还表明，我国大气污染输送和沉降80%以上的影响区在国内陆地范围，我国东部沿海地区的酸雨也受到日本、韩国的影响。

问题1：为什么我们对生态文明建设提出如此鲜明态度和下如此大的决心？我们的生态出现了什么问题？

问题2：大气污染的主要物质包括什么？造成大气污染的主要原因？

不同的教学呈现方式会产生不一样的教学效果，好的呈现不仅能增加学生的学习兴趣，提升学生的思考，而且通过问题的引导，激活学生已有知识，让学生在具体的情境中自主构建知识，利用学科核心知识解决社会问题，养成自主学习的习惯和自主学习能力。

**影响学生学习效果的因素之四：学生的自我评价能力，即元认知能力**

所谓元认知，就是学生监控自己的学习状态，相应地调整自己的认知活动，会对学习产生积极的影响，对学习能力较差的学生和高年级学生更有帮助。学生的自我监控取决于准确的自我评价，即他们逐渐了解什么是好的或不足的，能清楚地判断出自己的学习与其他同学之间有什么差距，造成这种差距的原因是什么。教师或学习者的同伴如何帮助学生准确地进行自我评价，并制订相应的教学计划，对学生的学习有巨大影响。在教学时，教师经常向学生展示学生之间的作业或答题情况，或者教师对典型题型的分析、讲解和板书，就是为了帮助学生不断进行反馈和评价，以促进学生经常性的反思，从他人的学习中获得启发，学生可以从别人的展示中发现自己的不足，知道什么是优秀的，什么是较差的，这种展示能很大地调动学生的积极性和元认知。

例如，在"化学反应原理"中，关于"三段式法"不仅是教学的重点，也是学生的学习难点，在教学时，教师要对"三段式法"进行反复的演示，把学生出现地错误反复地反馈，以帮助学生突破思维障碍、学习障碍，让学生最终建立起关于化学平衡计算的思维模型。

三段式计算法：（以反应正向进行为例）

$$aA（g）+bB（g）\rightleftharpoons cC（g）+dD（g）$$

| $C_{初始浓度}$（mol/L） | x | y | z | w |
|---|---|---|---|---|
| $\triangle C$（mol/L） | $-am$ | $-bm$ | $+cm$ | $+dm$ |
| $C_{平衡浓度}$（mol/L） | $x-am$ | $y-bm$ | $z+cm$ | $w+dm$ |

教师必须充分调动学生对学习的评价，只有调动学生积极参与评价，才能

促进学生元认知能力的发展，否则会抑制甚至阻碍学生的学习态度。正如斯蒂金斯所说，评价的作用在很大程度上取决于学生以往的评价经历，他们在以往评价中所经历的成败决定了他们对评价的认识、对自己的认识，以及接下来的行动。由此可见，评价未必能够激发学生的学习动力，能否激发学习动力的关键在于评价对学生自我认知、自我价值感，以及对学习的控制感产生的影响。如果学生能够参与到评价过程之中，那么学生就将获得对其学习的控制感，也就更容易提升在学习上的自我价值感，形成更为积极的自我认知。在这一方面，众多的动机理论家存在着共识，学生参与评价"有助于学生对自己学习的控制、选择、自主和自我价值感"。课堂评价对学习的促进作用更需借助其影响学生认知的机制。仅有学习动力并不足以保证学习的改善。如果学生不知道从哪些方面改善、朝哪个方向改善、如何改善，那么强烈动机完全可能导致糟糕的结果，所以，教师的示范，对学生存在错误的点评，是帮助学生改善学习的较好途径。

如果要帮助学生实现自主学习，开展合作学习，这种教学展示是必要的前提，它能让基础差的学生学会去模仿，让能力强的学生学会去评价，从而使不同层次的学生获取进步和提升。总之，通过分享成功范例鼓励学生，让学生学会去发现知识，建构知识，提升元认知能力，促进学生自主学习能力的发展。

**影响学生学习效果的因素之五：家庭环境是影响学习质量的重要因素**

家庭环境对学生的学习也有很大的影响。在这里，我们不是谈家庭的遗传对学习的影响，重点在于谈家庭的外因对学习的影响。遗传因素无法改变，但家庭的学习氛围、家长的教育程度、家庭的经济收入，这些因素对学生后天的成长具有重要的影响作用。

国际学生评估项目（PISA）自1997年起开始筹划的国际学生素养调查研究，其目的在于评估学生的数学、科学以及阅读素养。PISA评估的重点不仅限于学生的知识，更重要的是他们是否能将知识运用于日常生活情境中。PISA评估强调了解概念、掌握过程以及将知识应用在不同场合。以PISA2012年的数学素养为例，其旨在评估学生是否能够建构、运用及解释数学意涵，理解数学，使用数学的概念、程序及工具来描述、解释以及预测现象。除了评估学生在三个学科素养上的表现，PISA也进行了相关信息的问卷搜集，包括家庭背景（经济、社会和文化资源）、学生生活（学习态度、习惯、校园生活与家庭环境）、学校资源（公私立经费来源、决策过程与学校员工）、学校教学（教学的结构及方法、班级大小与家长参与程度）、个人学习（自我规划、自我规范的策略、动机和目标、个人规范认知机制，行为控制策略，不同的学习状况、学习风格及合作学习技能）、学习与教学（学习、动机素养之自信度，以及对学业成就、学习策略之影响）、信息科技、学生过去教育背景等。

有的学生在家里学习，会受到家庭外界环境和家庭内部环境的影响，特别是家庭内部环境，包括家长的受教育程度、家庭的学习氛围、家长对教育的理解，等等。这些因素都会影响学生的学习效果。比如，家庭的经济收入对孩子的教育和学习是有很大的影响的，家庭经济好，父母在孩子的教育方面的投入就较高，包括会利用节假日的时间带小孩到各地进行游学和研学，开拓孩子的视野，增长孩子的见识，同时父母也舍得花钱请家庭教师对孩子进行课外的辅导，增加学生的知识面，培养孩子的学习能力。而且，家庭经济好的家长，常常在孩子的阅读、科技、艺术等方面增加对孩子的投入，这些额外的教育投入会增加孩子各方面素养的提升，包括阅读能力、交流能力、艺术素养、社交素养、语言水平、创新思维的发展。家庭经济水平好的家庭，学习环境也相对较好，有自己独立学习空间，避免受外界太多因素的影响，如果家庭教育得当，往往这种家庭的孩子自主学习能力相对较强。而对于很多低收入家庭的学生来说，他们所能支配的教育资源基本上仅限于学校的教育，对于目前的很多学校来说，学校的这种教育资源非常有限，虽然国家加大了对教育的投入，但这种投入基本上只能保持在一定的水平基础上，无法满足每个孩子的多样化教育的需求，而且受各种升学和考试压力的影响，学校教师不可能花太多精力在学生除了学业之外的其他方面，比如很多方面的学习体验，创新能力，参加社区实践活动等，这就极大限制了学生综合素养的发展，很多低收入家庭的孩子由于经济原因，也不可能有太多的机会到培训机构参加提高性的培训，在学习思维训练上受到了很多的限制。特别是，受家庭收入的影响，他们的父母亲会花更多的时间于工作上，不是对小孩的教育重视程度不足，就是他们本身的教育程度也不高，既无暇于照顾孩子的学习生活，也无能力对孩子的学习进行辅导，特别是在很多农村地区，或者城市外出务工人员，他们对子女能接受更好的教育比任何时候都强烈，但是鉴于自身条件的限制，无法在孩子学习环境方面投入更多，子女在家的自主学习环境的确不尽如人意，久而久之，这部分学生在他们最需要培养学习习惯、学习专注力和学习思维的时候，却错过了重要的时机，这种错过导致了学生学习力的严重下降。所以说，家庭环境对孩子的学习和能力素养的发展是一种重要的影响因素。

家长的文化教育程度方面，若家长接受教育程度不高，他们在教育的理解上相对较好，平时在与子女的交谈时相对会让孩子的思维更加开阔、活跃，让子女在各种问题上有更好的见解，当面对复杂纷繁的问题时，他们能用更多的理论去分析教育问题，分析教育规律，从而采取比较好的教育干预。在子女学习辅导上相对更有优势，特别是面对教育的复杂问题上能够更加敏感，善于观察，善于分析。当然，也不是说父母的教育程度高就意味着对子女的教育就越好，而父母教育程度低对教育的理解和支持上就不到位。过去，很多父母的文化程度低，但他们在子女的教育上也很成功，这里要进行区别对待，知识不等于文化，家庭教育更多体现在对子女的理解，顺应人的发展规律，尽管有的父母接受教育程度不高，但他们以身作则，陪伴、关心、关爱，是孩子成长路上的支持者，当子女面对焦虑时，给予很大的支持和理解，这样教育出来的孩子有很多也非常优秀。

# 第四章　学习的理论基础

前面已经谈到学习的本质和影响学习质量的因素，本节侧重于从学习理论的角度去阐述在开展学习时，如何调整学习的动机、兴趣、认知和元认知，以便更好地创设良好的学习环境，用科学的学习理论去指导教学活动，帮助学生开展学习，发展自主学习能力，以适应基于核心素养发展导向的学习，适应21世纪人才发展的需要。

## 一、认知学习过程的信息加工理论

信息加工心理学家认为，人脑与电脑一样，是一个信息加工系统，可用电脑加工信息的过程来比拟人类的学习和记忆过程。心理学家以此为据，提出了认知学习过程的信息加工过程模型。比较有代表的是加涅的学习与记忆的信息加工模型。

加涅认为，学习是一系列认知过程，这些过程把来自环境的刺激转化为获得一种新能力所需的信息加工的几个阶段。也就是说，学习是学习者通过自己对来自环境的刺激的信息进行内在的认知加工而获得能力的过程。他提出了一个较为完整和系统的学习与记忆的信息加工模型，形象地反映学习与记忆的内在过程。如图2-4-1。

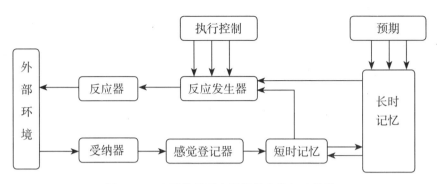

图2-4-1　加涅的学习与记忆的信息加工模型

## 二、杜威与"以问题为导向的课堂"

与合作学习一样，基于问题的学习也可以在杜威的著作中找到理论根基。在《民主主义与教育》（1916）一书中，杜威阐述了这样一种观点，即学校应该像镜子一样反映全社会，教室是探究现实生活、解决实际问题的实验室。杜威的教育方法鼓励教师让学生参与以问题为导向的活动，并帮助学生探究重要的社会问题和智力问题。杜威和他的弟子，如克伯屈（Kilpatrick）（1918），都认为学校学习不是抽象的，应该是有目的的，让小组中的孩子们从事他们感兴趣的、自己选择的学习项目，最能实现有目的的学习。这种有目的或以问题为中心的学习点燃了学生天生具有的亲自探究有意义情景的愿望，从这一点看，当今基于问题的学习与杜威的教育哲学和教育学具有明显的联系。

基于问题的学习依据的"认知—建构主义"的理论主要借鉴了皮亚杰（1954，1963）的理论。正如皮亚杰说的那样，"认知—建构主义"假设任何一个年龄阶段的学生都会积极地参与到获得知识和建构自己知识的过程中。知识不是静止不变的，相反，它是不断发展、变化的：当学习者面临新的经历时，这个经历迫使学习者在先前知识的基础上作出调整。用皮亚杰的话说就是：好的教学必须为学生创造开展实验的情境，此处的"实验"，含义非常广泛：亲手试一下，看会发生什么事情；处理具体的事情；利用理论知识；提出

71

问题，亲自寻找答案；分析不同时间发生的不同结果，得到一致意见；记录下每个人的答案，并比较这些答案。

## 三、皮亚杰、维果斯基与建构主义

杜威在20世纪的早期为基于问题的学习提供了哲学基础，而心理学则为基于问题的学习提供了更多的理论依据。欧洲心理学家让·皮亚杰（JeanPiaget）和列夫·维果斯基（LevVygotsky）都发展了建构主义的概念，而这当中的许多理论也为当今基于问题的学习提供了更多的理论支持。

让·皮亚杰，一位瑞士心理学家，花费了50多年的时间研究儿童如何思考以及儿童智力发展的相关过程。在解释幼儿智力怎样发展时，皮亚杰确定孩子天生好奇，并不断努力地了解他们周围的世界。依照皮亚杰的学说，这种好奇心激发孩子在大脑中积极地构建周边环境的图式。随着孩子年龄的增长，他们获得了更多语言能力和记忆能力，这样，关于这个世界的心理图式就会变得更精确、更抽象。然而，在所有的发展阶段，想了解周围环境的需要都会激发孩子去调查，去建构可以解释周围环境的理论。

皮亚杰的儿童认知观发展理论也称发生认识论，其哲学认识论根源是康德的"先天建构论"和"先验逻辑论"。皮亚杰提出了所有的人都需要经历的一系列认知发展阶段。每一阶段的思维需以前一阶段思维为基础并涵盖了前一阶段的思维，因此变得更有组织，更有适应性，更少与具体事件相联系。皮亚杰特别关心逻辑和普遍知识的建构。逻辑和普遍的知识不能直接从环境中习得，必须通过对自己的认知或反思和协调才能习得。

建构主义学习观的共同主张是：

（1）复杂环境和真实的任务。建构主义者认为，不应只教给学生基本技能和提供过分简单化的问题。相反，应鼓励学生面对复杂学习环境，其中包含"含糊的"和不良结构的问题，如能源危机、环境污染、新材料、新技术等。因为学校之外的世界很少有只需要基本技能和按部就班就可以解决的问题，所以学校应确保每一个学生经历解决复杂问题的过程。复杂问题并不只是难题。

复杂问题有许多部分，问题中包含多重的相互作用成分和多种可能的解答。没有得出结论的唯一正确途径，而且每一解答又带出一组新问题。这些复杂问题应包含在学生运用其所学至现实世界的真实任务与活动以及多种情境中。学生面对这些复杂任务时，可能需要支持，帮助找到资源，保持前进的方向，将大的问题分解成小的问题，等等。建构主义者的这些方面与情境学习观相同，强调学用一致的学习情境。

（2）社会协商。许多建构主义者赞同维果斯基的观点，高级心理过程的发展需要经过社会协商和相互作用，所以学习中的合作备受重视。教学的主要目的是发展学生形成并捍卫自己观点的能力，同时又能尊重其他人的观点并与他人共同协商与合作，共同建构意义。要实现这种转变，学生必须彼此相互交谈和倾听。正如佐藤学教授所说，学习是对话的过程，与他人对话、与自己对话、与书本对话。通过相互对话，学生之间发生思维碰撞，不仅学习别人好的观点、方法和思维，而且通过对话唤醒学习者的思维，重新建构新的观点。

（3）用多种方式表征教学内容。如果学生对复杂的教学内容只能获得一种模型、一种类比或一种理解方式，那么当他们运用这种单一的表征方式于不同的情境时，他们常常是简化的。为此需要运用不同的例子、比喻、类比来解释教学内容，使学生获得多种表征形式。斯波罗（Spiro，R.J.，1991）建议，为了达到获得高级知识的目的，有必要在不同时刻，重新安排背景，根据不同目的和不同观点重新温习同一材料。

（4）理解知识建构过程。现代心理学强调反省，强调学习者对自己认知过程的意识和调控。建构主义学习观认为，教师不仅要帮助学生理解自己的反省认知过程，还要使他们意识到他们在建构知识中的作用。不同的假设和不同的经验导致不同的知识。建构主义非常强调理解知识建构过程的重要性，是因为他们相信，这样学生将能意识到他们自身对自己思维的影响。因此学生将能够做到：在尊重他人主张的同时，以自我批判的方式选择、发展和维护自己的主张。

（5）以学生为中心的教学。以学生为中心的教学应仔细考虑学生带到教学情境中的已有知识、技能、态度和信念。尽管建构主义理论意味着什么都有多种不同理解，但大多数人都同意，这涉及教学重点会有显著变化，把学生自己努力求得理解置于教学事业的中心地位。但以学习者为中心的教学不是教师放弃教学责任，而是从"教练"的角度观察学习者的学习状态、反应，当学习者实在不能解决的时候，教师才在适当的时间给予适当的或具体的指导，这种指导更多是给学生学习的"脚手架"，而不是给学生具体的答案。教师在观察的过程中，就能及时发现学生思维中存在的不足或者思维的"闪光点"，当学生把问题"解决"完之后，老师要对学生的问题进行整理、归纳，及时对学生的学习情况做出反馈。

## 四、维果斯基的"最近发展区"

像皮亚杰一样，维果斯基相信，当个人面对新的、令人困惑的体验，尽力解决由这些体验带来的矛盾时，个人的智力就得到了发展。为了能够理解，个人会把新旧知识联系起来建构出新的意义。但是，维果斯基的观点在一些重要的方面也区别于皮亚杰的观点，皮亚杰非常重视个人的智力发展阶段，而忽视社会和文化背景方面的内容，但是维果斯基却非常重视学习的社会性因素。维果斯基相信，个体与他人的社会交往能够促使新观点的建构，促进学习者的智力发展。

## 五、奥苏伯尔的同化论

奥苏伯尔认为，新知识与原有知识可以构成三种关系：第一，原有观念为上位，新的知识是下位的。第二，原有观念是下位的，新知识是上位的。通过学习下位知识，归纳形成新的观念。第三，原有观念和新知识是并列的。新旧知识的三种关系就导致了三种形式的学习，即下位学习、上位学习和并列学习。

### 1. 上位学习

当学生的认知结构中已经形成了几个概念，现在要在原有观念的基础上学习一个概括和抽象水平更高的命题或概念，便产生了上位学习或总括学习。比如，在初三的酸碱盐一章学习中，学生学习了"盐酸"和"硫酸"的性质，在此基础上就总结出"酸的概念"和"酸的通性"。学习了"NaOH"和"Ca（OH）$_2$"的性质，总结出"碱的概念"和"碱的通性"。又如，在学习同周期元素性质的异同时，通过"Na、Mg、Al分别与同体积同浓度的盐酸反应""Na、Mg、Al分别与水的反应"，最后归纳出同周期元素，从左到右，金属性逐渐减弱；通过"Cl$_2$通入NaBr溶液；Cl$_2$通入KI溶液；Br$_2$通入KI溶液"的反应和"Li、Na、K金属单质分别与水的反应实验"，归纳出同主族元素"从上到下，非金属性逐渐减弱，金属性逐渐增强"。一旦上位概念形成，又可以成为下次新的学习中同化下位知识的上位知识，最后形成具有逻辑关联的知识结构，提升对化学核心概念的理解。

### 2. 下位学习

当学习者认知结构中原有的有关观念在概括性水平上高于新学习的知识，新知识与旧知识就构成关属关系，又称为下位关系。比如，当学生学习了"复分解反应"后，那么根据复分解反应的概念，对于"酸碱中和反应""酸与盐的反应""盐与碱的反应"，它们之间就是属于"派生类属"。又比如，在高中选修四模块中，学生在学习了"影响化学平衡移动的因素"后，对于后续在学习"水的电离""盐类水解""难溶电解质溶解平衡"时，就能够根据原有的概念比较好地掌握新的知识。所以在教学时，必须让学生掌握好"影响化学平衡移动的因素"，否则必将影响到后面的关于"水的电离""盐类水解""难溶电解质溶解平衡"。这种知识之间的关系能够告诉教师，在教学时，哪些知识是核心的知识、关键知识，只有判断好核心知识与衍生知识要素的关系，才能抓住化学的核心本质，做到精准教学。

### 3. 并列结合学习

当新知识与原有认知结构中的观念既不是类属关系，也不是总括的关系，而是并列联合关系时，便产生并列结合学习。比如说，学生知道了量变引起质变的关系，那么，在学习原子结构对元素性质的影响时，就能根据原子的电子层数增大，导致原子核对最外层电子的影响吸引力减弱，因此，元素的金属性增大非金属性减弱。虽然新知识与原有的概念之间就是并列的关系，但新关系通过与原有知识之间的并列结合而获得意义。在教学中，有的时候新学习的内容如果与学生的生活经验之间关联性不大，学生在获取新知识时可能会遇到困难，那么，教师可以通过其他的关系来启发学生思维，为学生的学习搭建"脚手架"，从而助学生学习新的知识获取思维阶梯。

奥苏伯尔认为，有意义学习必须具备三个条件：第一，学习材料具有逻辑意义。逻辑意义中的意义是对人类而言的。例如，"水电离出来的$H^+$与$OH^-$的浓度是相等的"，这个对于学过水的电离的学生来说是有意义的，但对于没有学过这个知识的人来说是没有实际意义的。第二，学生认知结构中具有同化新知识的原有知识基础。比如，温度影响化学平衡的移动，对于吸热反应来说，升高温度，平衡向吸热方向移动；降低温度，平衡向放热反应方向移动。水的电离是吸热的，当升高温度，促进水的电离，$H^+$离子和$OH^-$离子的浓度增大。如果学生已具有了同化新材料的原有知识，则有逻辑意义的新材料对学生来说是可以学会的，这种材料被称为潜在有意义的材料，这对于学生开展自主学习，或者先学后教就有意义了，对于自主学习来说，如果学生没有一定的知识经验做基础而去学习新内容，并且要求学生先学，那么这种自主学习的学生就没有抓手，导致浪费学习时间，往往没有实际的意义。第三，将材料的潜在意义转化为学生心理意义的一个重要条件是学生具有有意义学习的心向。具有有意义学习心向的学生，能主动将新材料与自己头脑中的原有知识进行相互作用，其结果是获得心理意义。基于学科核心素养的自主学习，首先要从学习的情感、态度与价值观上对学生进行引导。新课程改革倡导，不仅要关注学生的知识、能力发展，还要关注学生在知道和能力获得过程中的情感体验，这种情感体验就是要培养学生积极的学习态度、学习兴趣和积极的学习状态。学生的情绪状态主要体现在是否能长时间保持学习兴趣，学习过程是否充满好奇心与求知欲；是否具有浓厚的学习兴趣，是否能自我控制和调节学习情绪；学习过程是否愉悦，学习的意愿是否保持持续增强；等等。这是我们能否进行有效教学的前提，是否有效开展自主学习的关键。因此，在开展自主学习时，首先要创设良好的教学关系，设计好能吸引学生学习的问题情境，采取有梯度的教学过程，这样才让学生持续保持饱满的学习状态，有意义的学习才能得到有效落实。

## 六、自主学习理论

自主学习也称有意义学习，指的是学生有目的地生成和控制任何思维情绪或行为，以求在既定的任务条件下最大限度地学习知识和技能。

自主学习包括：知道在什么情况下使用特定的学习方法以及它们为什么起作用；分析学习任务的特点；运用各种方法来学习新信息；使用各种方法来保持冷静和自信；评估完成一项任务所需要的时间；监控学习进度；知道何时以及向谁寻求帮助；因完成自己的学习目标而感到自豪和满足。

自主学习不仅是一种学习方法和策略，也是一种学习的态度，是一种学习能力和学习状态。学习是学习者主动的学习，不可能是被动的学习，只有主动才具有内驱力，才能产生积极的情感体验。自主学习是学生对学习的由衷喜爱，是一种积极的个性心理体验。如果学生对学习不感兴趣，学习将成为一种负担，如果有兴趣，学习将成为一种享受、一种愉悦的体验，学习效果也必定事半功倍。第斯多惠说，如果是学生习惯于简单地接受或被动地工作，任何方法都是坏的；如果能激发学生的主动性，任何方法都挺好。苏霍姆林斯基曾精辟地指出："所谓课上得有趣，就是说，学生带着一种高涨的、激动的情趣从事学习和思考，对面前展示的真理感到惊奇甚至震惊；学生在学习中意识和感觉到自己的智慧力量，体验到创造的快乐，为人的智慧和意志的伟大而感到骄傲……如果你所追求的知识是那种表面的、显而易见的刺激，以引起学生对自己学习和上课的兴趣，那你就永远不能培养起学生对脑力劳动的真正的热爱。你应当努力使学生自己去发现兴趣的源泉，让他们在这个发现过程中体验到自己的劳动和成就。"

　　自主学习是一种元认知监控的学习。学生的学习行为在本质上是自主的、自控的。自主学习要求学习者回答为什么学习、能否学习、学什么、如何学习等问题，它具有自我规划、自我调整、自我指导、自我强化和自我发展的目的。在学习活动前，学习者能主动去预习和思考，对于自己在学习中存在的问题先独立进行思考，选择学习方法和做好各种学习准备，不懂的地方自主去寻找帮助，主要是自己去查找相关的文献资料。在学习活动过程中，能够对自己的学习过程、学习状态和学习行为进行自发判断、自主审视、自我调节和积极反思，在学习活动结束后能积极进行自我检查、自我总结、自我评价和采取积极补救措施。

　　自主学习理论国外有7个流派。其中，有三大流派对西方学习理论产生重大影响。一是言语自我指导学派。该学派认为自主学习能力的获得，是外部言语内化成自我指导言语的结果，因此如果能按照言语内化的顺序把学习的规则、策略、步骤等教给学生，使之转化为其内部言语，就能实现学生的自我指导，从而促进学生的自主学习。二是信息加工学派。该学派认为，自主学习的动机来源于自我信念，而认知自我监控能为学习的自我调节提供反馈信息，使行为和目标更加契合。在自主学习的过程中，策略的运用、控制和监视等过程极为重要；通过运用所获得的学习策略，个体对自己的学习的控制能力增强。三是人本主义学派。该学派认为，自我实现是人类的普遍倾向之一，它能给人带来极高成就感的"高峰体验"。

　　我国先秦时期的《学记》中记载："学然后知不足，教然后知所困。知不足，然后能自我反也；知困，然后能自强也。"20世纪70年代，我国自主学习理论和实验研究迅速发展，出现了很多以指导学生自主学习为目标的教学实验。如上海青浦县顾泠沅等人进行的"诱导、尝试、归纳、变式、回授、调节"教学法，后来发展为"尝试指导—效果回授"教学模式；湖北黎世法的"六课型单元教学法"，后来发展为"异步教学法"；辽宁盘锦二中魏书生的"六步教学法"；上海嘉定中学钱梦龙进行的"导学教学法"（"三主四式"

语文导读法）等。这些中小学课堂教学实践标志着我国的自主学习实验范式的出现。

90年代后期，洋思中学、"先学后教、当堂训练"以及东庐中学的讲学稿模式相继出现。几所学校的教学改革的共同点是，充分尊重和发挥学生学习的自主性，极大地调动了学生的学习兴趣，激发了学生的学习热情，落实了学习的主体，让学生体验到了学习成功的体验。在杜郎口中学，强调让学生自己主宰自己的学习，把学生自主学习作为教学的主要环节，把培养学生的自主学习能力和发展学生智力作为主要追求目标。上海闸北八中刘京海校长实践了"成功教育"。"成功教育"，其核心就是通过培养和发展学生的自主学习能力，帮助学生获得了极大的成功。上海静安区教育学院附属学校张人利校长实践了"后茶馆式教学"。"后茶馆式教学"的是在段力佩的"读读、议议、练练、讲讲"八字教学法基础上增加"做做"，即形成了"读读、议议、练练、讲讲、做做"。"后茶馆式教学"的基本特征：①学生自己能学会的，教师不讲，"后茶馆式教学"强调教师讲学生自己不能学会的。②关注"相异构想"的发现与解决。即学生在学习某一知识之前，有他们原有的知识、经历，这些知识、经历，有的能帮助新知识的掌握，甚至会出现"闪光点"，有的却与新知识掌握相悖。"相异构想"可以是错误的，也可以是不全面、不深刻的，还可以都是正确的，但思考的角度不同。如果不管学生在想什么，只在乎教师讲得正确，是灌输。关注学生的"相异构想"，让学生、教师充分对话，才是启发。"后茶馆式教学"既能保障学生的主体地位，又有效克服课堂上教师讲得过多的弊端，强调知识与技能，过程与方法，情感、态度与价值观的共同达成，以提高效能为导向，恰当应用方式、方法和手段。

# 第五章　当前课堂教学的困境

学习是一种自主表达和沟通的活动，是主动构建知识的过程。学习的过程是一种复杂的心理活动和反应。

## 一、真实的学习历程是缓慢而复杂的

学习在什么情况下会真实地发生？这是我们需要重新探讨的问题。学习是对未知世界的探索过程，是从问题情境出发的，去寻找答案的过程。学习是以问题解决为导向的复杂思维和互动过程。杜威（Dewey）从思维产生的过程角度阐释了"学习的历程"，思维的过程是一种事件的序列链条。这一生产过程从反思开始移动到探究，再到批判性思维，最后得到比个人信仰和想象更为具体的"可以实证的结论"。思维不是自然发生的，它是由"难题和疑问"引发的，而正是"解决方案的需要"，维持和引导反思性思维的整个过程。思维的发生就是"反思—问题生成—探究、批判—解决问题"的过程。

佐藤学教授借助社会建构主义对"学习"进行界定，提出"学习"是以语言为媒介构建意义的语言性实践；"学习"是问题解决过程中的"反思性思维及探究"；"学习"是在具体活动中的"社会交往"；"学习"是持续地构建自我与社会（同一性与共同体）的实践。在此过程中，我们能够看到儿童是以语言为媒，并借助互助关系，不断进行反思性思维和社会化实践而发展的。学习的过程是在"自我"与"共同体"的张力中不断重构的过程。

学生的学习动机最初产生于"学习困境"，在不同学科情境下可能表现为

"迷思概念""戏剧冲突"或"两难困境",这种不能解决、不能突破、不能成行的状态就是所谓的"认知冲突",这是一种强烈的心理矛盾专题,并引发探究冲动,不断寻求解决方案。这个过程主要包括冲突、理解、分析、试错、验证、修正、重构等一系列思维活动,学习者完成头脑中的思维过程以后还要通过社会互动,到他人那里去寻求验证或者寻求新的解决方案,并通过倾听他人,完善自己的方案,从而更好地解决认知冲突,并从中体会到学习的成就感和乐趣,这就产生新的学习动机,从而使学习不断持续和深化。要使学生产生持续学习的内部动机,必须经历复杂的思维、心理和社会过程,佐藤学将学习称为"与客观世界的对话""与他人的对话""与自我的对话",这需要教师在课堂上对学生的学习历程给予专业的、细腻的回应,这是课堂教学真正的价值所在,也是课堂教学的基本规律和原则。

学习的过程是"对话"的过程,通过小组互动、讨论、评价、反馈、修正,学习者把自己的学习经验和他人的经验进行筛选、重构,并转化为用自己的语言表达出来,实现知识的转化和内化,教师在学生进行讨论的基础上,对学生的观点进行整理、提炼和串联。在我们平时的观察中,很多课堂只有老师的讲解和学生的倾听,学生听得质量如何,听了多少,听了之后能不能理解,教师基本得不到反馈,学生听了之后也没有时间进行自我的思考和内化,没有"对话"的课堂成为"满堂灌"。"满堂灌"所得到的知识往往很容易遗忘,更主要的是,这种知识很难融入学习者的知识经验,更无法转化为能力。

## 二、高速而压缩化的课堂教学引发普遍性学习困难

与学生学习过程的缓慢、复杂性形成鲜明对比的是,我们的课堂教学过程往往是高速的、极度压缩化的,特别是对于九年级化学来说,有的学校要求老师必须一个学期完成两个学期的新课教学任务,以便腾出更多时间进行初中毕业会考复习,这种高速的教学节奏,必然是压缩学生课堂上思考的时间、对话的时间、动手实验的时间,教师把知识浓缩成一个个的知识点,让学生去记忆

知识点，至于知识之间有什么联系，学生根本来不及思考和比较，只能在被动中去学习，这样高速度的学习节奏，必然影响了学生思维的发展，学生成为知识的"容器"和"刷题的工具"。

这些课堂中普遍存在以下几个特点：

第一，从教学目标的角度看，以知识体系的传授为逻辑起点，较少考虑学生的学习需求，对知识进行打包、压缩，在学生的自我学习需求几乎没有启动的情况下，直接"喂给"学生，不是告诉学生知识点，就是直接呈现给学生问题的答案，学生几乎没有思维和对话的空间，教师成为知识"搬运工"或"知识贩子"，严重抑制了学生思维发展。在考试时，一旦问题情境发生变化，学生就无法"下手"，所以学生常常发问："为什么老师讲的我都会，而自己却不知道如何答题。"

第二，从教学内容的角度看，很多教科书的知识与学生的生活差距很大，较少考虑学生的立场、视角，难以激发学生的学习兴趣。其实，对于中学化学来说，生活中有太多的化学问题，但由于教师为了赶进度，而在平时的教学中没有把这些生活中的化学常识与教学内容联系起来，错过了培养学生观察生活、了解生活的习惯。人类的学习，往往是对自己熟悉的知识感兴趣，而对于自己不熟悉的知识很难引起兴趣，更加谈不上思考。所以说，要引发学生的学习兴趣，教师在教学时要通过创设真实的情境，以激发学生对学习的兴趣。

第三，教学内容非常庞杂、信息量很大，在教师专业能力不足的情况下，难以进行区分、筛选和归纳。所以会用大量的时间刷题。学习不仅仅是刷题，学习是为了学生掌握思考问题的一般规律和方法，基于化学学科核心素养的教学，要求教师要通过创设真实情境，让学生在真实情境中运用已有知识去解决真实问题，培养解决问题的关键能力。

第四，从教学进度上来看，每节课的教学进度几乎都与学生的学习进度之间有较大落差，教师的教学进度完成了，但是学生并没有跟上，学习进度缓慢，积压了很多难以解决的学习任务。在我们日常的教学中，常常听到老师说"这届学生很难教"或者"为什么现在的学生这么难教"，老师全然没有反思自己的教学，以为我教了学生就应该学会了，我讲过了我的任务就完成了，至于学生懂不懂、有没有学会那是学生自己的事情。这种想法不是教师没能理解教学的目的，就是没有树立好正确的学生观、质量观，没有理解好衡量课堂教学质量的高低不是看老师讲得如何精彩，而是看学生学了什么，学会什么，理解了多少，掌握了多少。

第五，从教学设计的角度看，教师往往从如何教学的角度进行"教学设计"，而较少从促进学生的学习角度进行"学习设计"。所谓"教学设计"，主要是从教的角度来考虑教师如何去设计教学。其实，教学的过程千变万化，常常会发生各种突发情况，如果完全按照教师的"设计"来进行教学，更多是体现了"以教师为中心"，真正的教学应该是"以学习者为中心"的教学，教是为了学。因此，必须考虑"学习设计"，充分分析影响教学过程中的各种因素，一个问题"抛"出来之后，对于优等生来说可能会出现几种解题方法或者思考维度，而对于中等生来说，可能出现什么情况的回应，而对于中下等学生来说，他们会不会思考，能思考到什么程度，等等。教师提出问题就要让优秀学生"吃得好"，又要让中下等生"吃得了"，否则课堂将成为制造"两极分化"的课堂。另外，教师教学内容往往是多、杂、快，很多时间被浪费在已有知识的不断重复上，而真正核心的、有难度的、有挑战的课题则往往没有时间进行充分的思考和解决，学生学习过程中有大量的"不懂、不理解"的"夹生饭"，但出于对进度的考虑，往往都被忽略了。

第六，从教学方法上看，以教师讲授为主，学生几乎不主动参与，所有过程都是由教师支配，学生只负责被动接受，学生的学习能力不断衰退。自主思考和探究过程对于很多学生来说是一件"苦差事"，他们宁可坐等老师或者"学优生"给出现成答案。思考的惰性使他们的学习无法深入，真正的学习能力得不到提升。

课堂上主要的不是向学生传授多少课本知识，重要的是在传授知识的同时提高学生的学习能力，懂得在新知识面前如何去分析知识。如果说校园文化对学生的影响是精神的影响，那么课堂教学对学生的影响则是方法上的影响。

课堂上学生从老师那里获取的知识基本上是"零碎"的，知识点之间的相互关系缺乏清晰的认识。为此，课堂上必须留有让学生自由体验知识的时间，让学生在知识体验中去发现知识之间的联系和关系。在学生进行思考的过程中，教师要善于观察学生在理解新知识时有哪些困难，帮助学生突破理解上的障碍，并给学生方法上的指导。通过课堂不断的思维、方法的训练，学生将逐渐养成自主学习的习惯，养成独立思考的习惯，掌握学习新知识的方法。如在体育课堂上，老师边示范边讲解动作要领以及注意的问题，然后留有更多的时间让学生自己去体验，让学生在独立的体验中逐渐理解和掌握运动要领。在学生练习过程中，教师来回地观察学生的动作，并对不规范的动作进行纠正。这种体验式的课堂教学，不仅让学生有更多的知识体验，又促使老师不断评估自己的教学。更可贵的是，学生在体育课上学到的基本的运动技能，为他以后的体质锻炼打下了很好的基础。再如，在其他的学科课堂上，很多学科教师采用"做—讲—练—评"结合的教学方法，这对提高学生自主学习能力是很有好处的。"做"，就是以问题引出，以旧知识带出新知识，学会用旧知识解决新问题；"讲"，侧重于教师对重难点知识的清晰讲解，方法的讲解；"练"，就是让学生进行知识体验，使学生的思维显性化、可视化；"评"，就是师生之间、生生之间进行学习内容、思维方法的交流、评估和反馈。"做—讲—练—评"并不是一种课堂教学模式，而是提倡课堂教学中既要有教师的对知识、方法的讲解和分析，又有课堂中人与人之间的互动交流，更有学生独立思考的空间，使课堂教学实现个体能力发展的目的。

# 第六章　促进每一位学生的深度学习

改变我们教学的方式，意味着要改变教的方式和学的方式。在上一章提到课堂教学中存在的六种影响学习质量的情况，导致学生在学习上存在虚假学习的现象，或者缺乏学习的深度，只有教的方式改变，学的方式和学的质量才能得到提升。

## 一、虚假学习与浅表学习

目前的中小学课堂中，学生虚假学习、浅表学习的现象普遍存在。学生在课堂中，表面上很认真，实际上大脑并没有深入的思考或者也不清楚如何去思考，课堂上基本上是教师给学生现成的知识或答案，面对不是教师在课堂教过的知识，或者讲过但忘记的，学生很难从已有的知识中去思考答案。随着学习任务的增多，学困生也随着增多，厌学学生的比例也不断攀升。

所谓虚假学习就是"假装学习"，实际上根本没有真正进入学习状态，学生采用各种"伪装"的方式来蒙蔽老师，进而逃避学习。虚假学习的情况从小学三年级左右开始大量存在，持续到初中二年级左右，虚假学习的学生逐渐沦为学困生。虚假学习的学生往往会表现出非常遵守纪律，比如坐姿非常端正，对教师察言观色、与教师高度配合、紧跟教师的步调，不对教师的教学进度造成任何干扰。但是如果仔细去观察这些学生，会发现他们存在假装写字、假读课文、不懂装懂等一系列"自我伪装"的行为表现。教师在上课的过程中会感到非常顺利，对学生的表现也比较满意，于是，教学进度越来越快。但是，到了考试阶段，这种虚假学习的学生就会暴露出来。

心理学家卡尔·罗杰斯（Carl Ranson Rogers）将这种学生称为"课堂上的观光者"，这些"观光者"很少被教师点名，也很少主动举手与大家分享信息。他们尽量坐在教室的最后面，隐藏自己，逃避课堂活动。这些"观光者"常常受到教师的斥责，因为不能及时完成作业并且很少参加课外活动，在班中通常被孤立。在教师与"观光者"之间形成了一种默契："别管我，我也不会打扰你。"那些被冷落的学生变成了"观光者"，从不参与，从不兴奋，也未被看中，仅仅待在课堂上而已。

几乎所有学困生都经历了这样一个历程：投入学习—遇到困难—发求救信号—无回应—未完成学习任务—受到负面评价—失去信心—放弃。具体如图2-6-1。

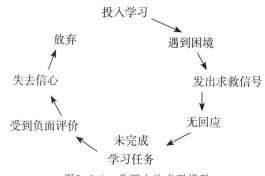

图2-6-1　学困生的成因模型

对于学困生来说，他们很难通过自身的力量来打破这个死循环。在以教师讲授为主的课堂上，教师很难发现学生所发出的"求救信号"，学生的学习状态如何，教师往往是不知情的，因此，教师没有办法回应学生的"求救"，学生和学生之间也不允许互动，所以，学生一直处于孤立无援的状态，他们完成不了学习任务，而且每一节课几乎都有大量的新任务压下来，学生越来越感到无能为力，越来越害怕上学和学习，并且还要承受来自包括家长、老师，甚至同伴的批评和压力，越来越感到无助，最后只能放弃学习。

浅表学习的"伪学优生"逐渐沦为学困生。学生浅表学习的情况在课堂中也非常普遍。浅表学习是一种以完成外在任务、避免惩罚为取向的学习行为，以机械记忆和反复操练为主，缺少深度思维加工，因此学习成果多以复制为主，难以迁移和深化。浅表学习的学生完全按照教师的指令行事，教师所讲的话都认认真真记录下来，即使教师讲错了，学生也不会质疑，如同一台不知疲倦的"复印机"。但是，如果教师提出了比较有挑战的问题，这些学生就不太愿意去思考，而更多的是等待其他人或者教师给出现成的答案。在小学阶段，浅表学习的学生成绩一般是比较好的，也可能是教师眼中的学优生。但是，随着学年的不断提高，特别是到了初中二年级以后，开始出现学习困难和成绩下降的趋势，到了高中阶段，学习难度进一步提高，这些学生会表现出成绩"断崖式下跌"，学习状态急转直下。

"伪学优生"的产生主要是由于学习内容的挑战性不高和学习方法不当造成的。从教育目标的角度来看，布鲁姆将教学目标分为"知识、理解、应用、分析、综合、评价"六个层次，而他的学生洛·安德森对这六个层次进行了重新修订，将其归纳为"记忆、理解、应用、分析、评价、创造"。"记忆、理解"被称为低层次目标，而"分析、评价、创造"被称为高层次目标。其中，"创造"作为教育目标的最高层次，具有最高的动力价值，即以最高层次的"创造"作为教育目标取向，则其他五个层次的目标将会相应地达成；但如果仅仅以"记忆、理解、应用"这些低层次的教育目标为导向，就无法自然达成高层次的教育目标。我们的学校长期进行的以知识传递为取向的教育就是以"记忆、理解"为主要策略，难以产生高品质的思维成果，所以"伪学优生"才会不断蜕变，最后甚至沦为学困生。

无论是虚假学习还是浅表学习，其根源与课堂教学的各种弊病有密切的关系，要解决这种教学困境，课堂教学必须转型，教学要向促进学生深度学习的方向转型。

## 二、深度学习模型

与浅表学习对应的是深度学习。什么是深度学习？1976年美国学者佛伦斯·玛顿和罗杰·萨尔乔，基于学生阅读的实验，提出了"学习层次"的概念，他们发现浅层学习处于较低的认知水平和思维层次，不易迁移；而深度学习则处于认知的高级水平，涉及高阶思维，可以发生迁移。

深度学习是基于学习者自发的、自主性的内在学习动机，并依靠对问题本身探究的内在兴趣维持的，一种长期的、全身心投入的持久学习力。首先，从情感动机上说，深度学习是一种全身心的投入，令人身心愉悦、充实的学习状态，学习者常常是忘我的，不知疲倦的；其次，从认知的角度看，深度学习是思维不断深化的过程，向高阶思维阶段（分析、评价、创造）发展，学习者能够不断自我反思与调节，因此，这样的学习最终是通往自发的创造；最后，从人际关系角度看，进入深度学习者对自己的学习充满信心，而且能够与他人有效沟通合作，共同克服困难，解决问题。

深度学习的目标是"自主创造"，在认知领域主要表现为高阶思维和问题解决；在动机情感领域主要表现为全身心投入和自控策略；在人际领域主要表现为自我接纳和协同合作。深度学习活动是一种持续探索的冲动，并将不断深化，深度学习如同"螺旋桨"，是一个人成长和发展的巨大动力系统。如图2-6-2。

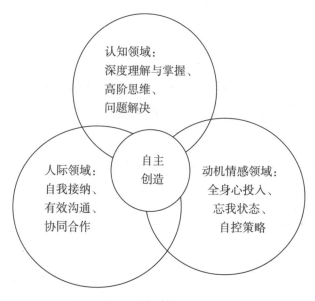

图2-6-2　深度学习螺旋桨模型

### 三、促进学生深度学习的课堂变革

深度学习是一种学习能力——学会如何去学习。在一个不断变化的世界中，知识及其应用几乎每天都在发生迅速的变化，在这种持续迅猛的变化中，再也没有比这种能力更宝贵的了，有人甚至称之为"21世纪技能"。

#### 1. 确立课堂愿景：激励学生都能高品质地投入

对学生在学习中的角色提出新的期望，让每一位学生在课堂上都能全身心地参与进来，并且能够在教师和学习同伴的帮助下完成高挑战性的学习任务，享受高品质的深度学习，使课堂和学校成为学习共同体，并在管理复杂的项目和作业中，寻找反馈、修改作品，对自己学到的东西进行反思。学习共同体的形成，就是避免教学过程中出现太多的"学习观光者"，让学生有更多的表达机会、分享机会，在同伴的帮助下获得进步。

在学习中之所以出现"学习观光者"和学习逃避者，主要是学生在学习中得不到帮助，得不到老师的关注，或者在某个阶段的学习中与同伴"脱节"，而这种"脱节"又没能及时引起老师和同学的关注，慢慢地缺乏学习存在感和归属感，学生因为看不到发展的希望而放弃了努力，教师在这个过程中应该给予学生信心，建立班级学习小组，根据学生能力按照异质化形式进行分组，让各种层次的学生在小组合作中相互支持，培养学习兴趣，形成学习共同体。

#### 2. 营造良好课堂氛围

要让学习真实地发生，就要让课堂处于"润泽"状态，"润泽"的课堂就是有温度的课堂、有安全感的课堂、人人有表达机会的课堂。这种课堂让学生远离焦虑和紧张，呈现出一种真实自然的学习状态，教师处于"倾听"的身心状态，当教师处于"柔软"的姿态时，学生就能学到更多的"基础知识"，并展现出更高的创造力和问题解决能力。

要促进学生深度学习，首先教师的教学内容一定要符合学生的最近发展区，而不是只考虑学科的逻辑，否则学生就处于一种疲于应付的状态，很难形成主动学习动机，在向学生提问时，要给学生"留白"和应答的时间，不要急于给出答案，要让学生感觉到教师给他的期待和支持，避免学生在思考时处于一种紧张、焦虑之中，很难进入学习状态。要善于观察学生的表情变化，充分了解学生的学情，特别是学生的学习困难到底产生于何处，进行"逆向"的学习设计，从而对学生的学习提供有针对性的帮助。

### 3. 创设情境化教学

将学习经验与学科联系起来，通过围绕中心概念和思想，有目的地设计、整合学习经验，促进知识和能力的获取。教师使用主题、基本问题或指导性问题来整合原本独立的知识，使新知识与旧知识或者与其他学科知识联系起来，这样，学生所做的每一项作业、课堂活动、实地考察和项目都有一个连贯的背景，学习就有"抓手"和脚手架，就能更好地深入思考，学会从深层次去思考学科问题，学会从不同学科的角度去分析同一个问题，促进知识的融合，正如"每件事情都有关联，每件事情都很重要"。

教师在设计教学活动时，将真实体验，作为学习的自然组成部分，经常为学生提供表达机会，设计真实体验，可以包括：让学生有机会与不同领域的专业人士和专家互动，将历史事件或生活问题与教学问题联系起来，思考问题产生的本质原因，形成这种现象的学科知识在哪里。比如，在生活中，你见过的有关"胶体"有哪些应用，请列举具体事例。这样，就让学生把形成胶体的定义、本质和应用结合，不仅激发对学科学习的兴趣，而且把学科知识充分应用于生活之中，提高了思考问题的深度。

### 4. 以高品质"学习设计"培育学生深度思维

"学习设计"是为了学习者有效开展学习活动，从学习者的角度为其设计学习计划、活动和系统，是为学习者系统规划学习活动的过程，为学习者提供一个活动脚本。学习设计必须遵循学习者的学习起点、认知风格和学习历程，揣摩和研究学生学习知识的基本历程：学习的起点是什么，需要经历怎样的学习过程，会遇到怎样的困难，可能会提出什么问题，会采用什么样的学习方式和策略，最可能在哪些方面得到发展等，并通过有效的设计将学习活动引向深入。

设计有深度的"学习设计"要聚焦核心知识，推进"少而精"的教学。

　　有的老师在设计"铁及其重要化合物（第二课时）"时，设定了以下教学目标。

　　（1）通过阅读书本和联系生活生产实际认识铁的氧化物的性质和用途等，知道铁的氧化物的主要化学性质，能通过与酸的反应特点区分氧化物类别。

　　（2）能通过实验探究铁的氢氧化物、铁盐和亚铁盐的化学性质，能用化学或离子方程式正确表示。体会实验对认识和研究物质性质的重要性，形成证据意识。

　　（3）通过铁的化合物的学习，学会从物质类别和元素价态的视角认识变价元素物质间的转化关系，建立认知模型。

　　（4）能联系生活、生产实际，将所学知识用于解释和解决实际问题，强化性质决定用途的观念。

　　这个教学目标的设计，看起来没有太大的区别，但若仔细分析就会发现，基本上是按照教材知识进行教学，相对来说就是把教材上的知识给学生讲一遍，学生的思维不可能得到深层次思考，基本上都是基础知识，缺少挑战性的思考，学生的学习基本上处在"记忆、理解"低阶思维阶段，而缺乏高阶思维训练。

　　学习设计要遵循"少即是多的原则"，教师作为学习设计者首先要清晰教学目标，并将其转化为学习目标和学习任务，学习任务要"少而精"，只有这样才能使学生聚焦核心问题进行探究，才能将更多的课堂时间用于学生主动的学习，才能给学生完整的学习历程，让学生经历完整的思维过程。

　　例如，同样的教学内容，有的老师进行了这样的设计：

　　展示：琥铂酸亚铁片说明书。

　　思考1：补铁药片外层的薄膜衣有何作用？

　　思考2：为何建议与维生素C同服？

　　【方案再设计】

　　根据提供的实验用品，设计实验检验补铁剂中铁元素价态，并实现亚铁离子与铁离子的相互转化。

仪器：烧杯、玻璃棒、试管、胶头滴管。

试剂：琥珀酸亚铁片、稀盐酸、KSCN溶液、铁氰化钾溶液、双氧水、维生素C。

第二位老师的教学设计，从学生熟悉的生活常识入手，马上激发学生的学习兴趣，让学生一上课就进入了兴奋的思维状态。老师只要求学生思考两个问题，把更多的时间给学生开展深度思考和实验探究，让学生通过自主实验探究来发现铁盐与亚铁盐之间的相互转化关系，强化学生在具体任务中主动探究，在实践中动手设计、创造，而不是简单、肤浅地要求学生对教材知识进行反复的复习和巩固。对"未知"的好奇和对问题解决的渴求是学生进行深度学习的重要动机来源。

### 5. 将学习扩展到学校之外

学校将学习扩展到学校之外，让学生学以致用，为学生实践创造更多机会，提高分析问题、发现问题、解决问题的能力。在社会实践中，可以请教专家、老师或家长，在学习中，同伴之间相互讨论，开展合作学习，形成学习共同体。在实践中，通过查阅资料，对知识再学习和再整合，提高自主分析知识能力，形成终身学习、自主学习的良好习惯。最后，将课外实践或学习的知识进行系统分析、整理、整合、归纳，形成系统的有深度的学习成果，从而不断成长为一个成熟的学习者。

# 第三篇
# 教学设计与评价

聚焦化学学科核心素养的教学，给教师的备课和教学提出了明确的要求。备课时，要做到"两分析一确定"，即分析教材和分析学情，准确确定教学目标；课堂教学时，要根据学生的知识基础和能力基础，选择合适的教学内容，教学内容不合适，其后面所确定的目标和选择的教学策略和方法将受到影响，甚至是低效或无效的，同时要做到知识的呈现情境化，教学环节（教、学、评）一体化，知识归纳结构化。教材是教学的载体，分析教材就是要清楚教材编写者对于知识呈现方式的意图，知识之间的内在逻辑关系，分析学情就是了解学生的知识基础和真实能力，为选择教学内容、确定教学目标、选择知识呈现方式和教学策略提供依据。教育的目的是为了人更好地适应社会的发展，真实情境是知识来源的依据，知识来源于生活并且服务于生活，通过在真实情境学习，让学生体验到知识所带来的兴趣，通过让学生在真实情境中解决实际问题，培养学生解决问题的能力；教学评价是为了及时反馈教学动态，让教师及时调整教学，让学生及时发现自己在知识的掌握上存在哪些不足和漏洞，并且及时得到帮助，以更好地促进学习；结构化的知识就像一张思维导图，结构化知识能帮助学生更好地进行知识储备，在使用知识时方便调取，又在使用中得到建构，不断发展和优化，发展成为解决问题的能力。

# 第一章 现代教学设计的基本思路

教学设计是教师为达成一定教学目标所使用的一种"研究教学系统、教学过程，制定教学计划的系统方法"。它随着人类的教学活动而产生、发展起来，经历了设计意识由朦胧到清晰、理念由自发到自觉、操作由经验到规范的发展过程，在不同的发展阶段具有不同的特点和要求。教学设计就如工程设计，先有设计才有实施，最后还需要"评审"（即评价），否则就是"豆腐渣教学"，误人子弟。

教学设计既能保证学生的学习主体地位，又能发挥教师的教学主导作用。现代教学设计把学习系统的设计作为重点，教学设计是否合乎课标要求，符合学生的认知心理，激发和促进学生的兴趣，符合知识之间的梯度逻辑，这是教学是否顺利实施的关键。学生是学习系统的主体，教学设计着眼于学生的学习，注重学习活动的设计，有利于学生之间开展相互评价，把解决教师如何引导学生学好的问题作为工作规范。教师是指导系统的主体，是教学设计者，教学内容的开发者，课堂教学的实施者，学生能力发展的促进者。为了满足学生多样化学习的需要，即便教的是同一节课，仍然要求教师能够针对所教学生、具体教学内容灵活地、创造性地设计教学。即便是九年级化学，虽然年年的教材几乎是相同的，但每年学生不同，同一年级中各班学生也不同，因此，教师的教学并不是简单重复，而是根据学生的变化创造性地做出教学设计上的调整，包括内容整合、活动整合、目标调整、评价多元、呈现丰富，以适应更多学生的需求，这样教学才能达到最大化的效果，符合教学是为了促进学生的发展而不是只为了实现教师的教学的目标。加涅认为："教学设计的基本原因是要确保没有一个学生是教育上的不利者，并确保所有学生都有最充分地运用自己潜能的平等机会。"因此，教学设计需要教师以现代学习理论和教学理论为基本依据，在系统科学方法的指导下，对诸多教学要素进行系统安排和统整组合，实现对教学过程中问题的分析和解决。

学科学习是发展学科核心素养的重要基础，课堂教学是传授系统知识的基本途径，是培养学生能力的重要途径。那么，什么是好教学，好的教学必然要促进学生的发展，好的教学必须引发学生深度思考。什么是有效教学？

好的教学从好的教学设计开始。著名的狄克和凯里教学设计模型包括以下九个成分，如图3-1-1。

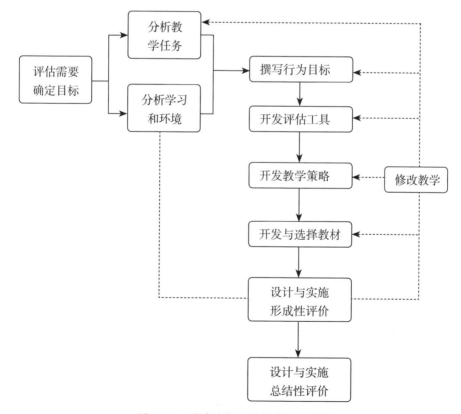

图3-1-1　狄克和凯里的教学设计模型

有效的教学要从以下方面做出思考：他引导学生走向哪里（教学目标），学生从哪里出发（学生的起点知识、技能、态度、文化背景），他是如何带领学生从起点过渡到终点（教学过程），他应该创设什么样的学习条件（或学习环境）帮助学生学习（教学方法、技术和媒体的选用），他怎么知道自己的教学目标是否达到（教学结果测量诊断与评价），如果没有达到目标，怎样对学生进行补救教学（教学跟进与教学辅导）？

## 一、确定教学目标

所谓教学目标就是经过一节课、一个单元或者一个模块的学习之后，学生会做什么。目前我们的教学中目标的确定有一个标准，就是每一个学科都有一个"课程标准"，比如高中化学有《普通高中化学课程标准》，学科"课程标准"规定了学科教学的基本目标或者说总体目标，在"课程标准"下，教师要根据自己所任教班级学生的实际情况对标准进行调整和优化教学目标，适当降低或提升目标，以满足不同学生的需要，以激发和促进学生的学习，而不是一味地、一成不变地"执行""课程标准"所规定的目标。

## 二、分析达成目标所需的条件

当教学目标基本确定之后，就要分析达成教学目标所需要的技能、知识储备、新学习的内容与已学习的知识之间如何建立联系，如何设计教学活动来帮助学生更好地达成目标。

## 三、分析学生和环境

分析学生包括学生的已有知识、技能、爱好、态度和其他与学习有关的个性特征。环境分析包括分析知识与技能学习的环境以及知识有技能运用的环境，这些分析是确定选择教学过程和方法的依据。

学情分析是伴随现代教学设计理论产生的，是教学设计系统中"影响学习系统最终设计"的重要因素。现代教学理论认为，认真研究学生的实际需要、能力水平和认知倾向，"为学习者设计教学"，而不是为教师设计教学者。优化教学过程，可以更有效地达成教学目标，提高教学效率。

教学是为学生服务，方法为学生选择，内容为学生准备。学情分析是教学目标设定的基础，没有学情分析的教学目标往往是空中楼阁；因为，只有真正了解学生的已有知识经验和心理认知特点，才能确定其在不同领域、不同学科知识和不同学习活动中的最近发展区，而从认知、技能、能力等方面来阐述最近发展区就是有针对性和实际意义的教学目标。

## 四、陈述作业目标

作业也称行为目标，是用可以观察的行为陈述的具体教学目标。作业包括课堂教学练习或测试和课后作业，教师可以通过作业及时发现学生在新知识学习中遇到什么障碍，新旧知识之间联系有什么困难，以及学生运用知识去解决问题的能力。作业是学生学习行为的外显，作业反映出学生的思维过程，有经验的老师往往是通过作业这个外在的显性载体来判断课堂教学效果以及学生在学习新知识过程中存在的不足以及思维优缺点。作为新知识的学习，作业的设计要体现有陈述性知识和程序性知识，通过陈述性知识教师可以了解学生对知识点的掌握情况，通过程序性知识让教师检查学生运用新知识解决问题的能力。

## 五、开发评估工具

目标设置和明确陈述以后，在教学实践中，目标是否实现，教学设计者预先需开发测量工具来评估目标实现情况。比如，要坚持学生对知识的记忆，可以设计选择题，要检查学生的能力，可以设计分析题型。随着信息技术在教学中的广泛应用，大大方便了教师对学生的及时反馈，并且能及时发现学生个体知识掌握情况，也能发现学生在哪些题型上存在什么知识漏洞。

## 六、选择与开发教学策略

选择什么样的教学策略，取决于教学目标和学生的能力基础。化学是以实验为基础的学科，学生对实验教学具有积极性，因此，化学教学中，尽量创设更多的实验教学，让学生通过实验发现知识的形成过程，通过实验自主构建知识，既能培养学生的学习兴趣，又能培养学生的动手能力、分析能力、归纳能力，更主要的是培养学生的研究精神和科学态度，促进学生化学学科核心素养的发展。

比如，在学习$Al(OH)_3$的性质时，为了让学生能体会到NaOH溶液能够溶解$Al(OH)_3$，让学生进行分组实验，向$AlCl_3$溶液中逐渐滴加NaOH溶液，可以观察到先有白色沉淀生成，后沉淀溶解。实验完毕后，各实验小组汇报实验过程、实验现象以及由此实验得出的结论。在学生汇报时，有的小组并没有看到沉淀，在分析时主要是他们把试剂滴加的顺序搞反了，所以看不到沉淀，这时，教师让学生进行讨论，除了按照顺序滴加试剂会产生沉淀，还有没有什么办法可以看到沉淀？有的学生说继续滴加$AlCl_3$溶液，就会看到白色沉淀。教师趁热打铁追问，为什么滴加顺序不同，实验现象不一样，大家能否写出该反应过程的方程式？能不能用图像把反应的现象和试剂与生成沉淀的量的关系画出来？

在化学教学中，教学策略的选择，要根据学生的认识规律和心理特点，以及教学的实际需要，没有哪种教学策略一定是最佳的，只要最适合的，同时，在教学过程中，还要根据学生的学习动态调整教学策略和方法。比如，当新学习的知识超出学生的知识经验，这时候讲授方法也许是比较适合的；当学习的内容与之前的知识有较大的相关时，这时候可以放手让学生自主去思考和讨论；当学生的思考过程中遇到障碍时，教师可以给予适当的启发；当需要培养学生的综合能力时，教师可以设计"项目式学习"或"问题式"学习，让学生在问题中深度思考，在问题中去构建"新"的知识结构，避免思维浅层化。

## 七、开发与选择教学材料

教学材料包括学生的手册、教材、测验和教学指导书。选择与开发教学材料依赖于学习类型、已有的可以利用的有关教材和资源。现行的教学辅导资源非常丰富，要选择适合学生和教学实际的资料，实现教学材料最大化地促进学习，而不是随手就找来一本资料，否则将浪费有限的课堂教学时间，增加学生的学习负担，降低教学目标的达成度。为了提高教学的适切性和效果，教学材料的开发与选择要基于学情分析，服务于教学目标，有利于检测和评价，适合于教与学的时空维度。对于课堂上的练习，主要以测试学生对新知识的掌握和理解，帮助学生巩固对已有知识与新知识的联系，课后练习则侧重以提升学生综合能力为主，同时要兼顾不同层次水平的学生设计有梯度的练习，以保证不同层次的学生获得进步。

## 八、设计与进行形成性评价

评价包括形成性评价和终结性评价，而课堂教学的评价主要以形成性评价为主，是为诊断和改进教学提供依据。形成性评价分三级水平：第一级水平是一对一评价，即一名教师对一名有代表性的学生，详细了解学生掌握教学目标的情况；第二级水平是小组评价，所得到的数据更有代表性；第三级水平是针对全班学生的评价。

## 九、修正与补救教学

根据形成性评价所提供的数据，如果学生未达到教学目标，或发现学生存在学习困难，教师应该重新考虑教学设计，包括教学目标定位是否恰当、教学任务分析是否准确到位、教学资源的选择是否合理、教学过程的方法是否适切、教学情境是否引发思考、教学难度是否符合学生的最近发展区等。如果上述设计不适当，则应予以修正，并重新撰写作业目标和进行补救教学；如果发现教学目标定位适当且任务分析正确，则需要重新考虑教学策略及其实施情况，并进行补救教学，直至达到原定的教学目标要求。补救的措施，包括课堂上根据学生的现场反馈及时调整，也包括课后通过练习进行补救，同时，教师要根据个别学生的情况进行有针对性的辅导，让学生更大可能地掌握好学习的内容。

# 第二章　学情分析是教学的重要依据

学情是教学的起点，是教学的重要依据。学情分析是教学内容分析的依据，没有学情分析的内容分析往往是一盘散沙或无的放矢，只有针对具体学生才能界定好教学内容的重点、难点、关键点和障碍点。现代教学设计理论认为，只有真正了解学生的已有知识经验和心理认知特点，才能确定其在不同知识、不同技能和不同学习活动中的最新进展，而从知识、技能等方面来阐述最新发展就是教与学的目标。奥苏伯尔强调根据学生原有知识基础进行教学，他曾说过："假如让我把全部教育心理学仅仅归结为一条原理的话，那么我将一言以蔽之，即影响学习的唯一因素就是学习者已经知道了什么。要探明这一点并据此开展教学。"

我国古话有"以其所知，喻其不知，使其知之"，这也强调了学习者的基本情况和已有知识对新学习内容的重要性。在学习的同化论或建构主义学习观中有一个重要思想，就是学生利用原有知识结构同化（或建构）新知识。学生的起点往往决定教学的成败。很可惜，有的老师并没有充分认识到学情对教学的重要性，在设计教学时，常常是凭教师的学习经验和教材的要求进行设计教学，没有充分考虑学生在学习时可能遇到的障碍，也没有充分研究不同个体对不同知识的接受和理解不同，采取单一的、平均用力、齐步走的教学方法，缺乏对学生个体充分分析和研究，即使同一个学生在不同知识学习时也会有不同的理解差异，导致教学效果不佳。一旦学生学不好，教师不是去分析自己的教，常常把问题和责任往学生的身上推，这样容易干扰教师的专业发展。一个新的目标的达成是构成下一个目标的起点，解决学生现在的问题是为了学生下次更好地自主解决问题，因此，解决学生起点问题便贯穿教学的全过程，这需要教师在进行教学设计时认真地分析学情，把学情分析作为提升教学有效性的重要因素来抓。

学情分析一般从以下五个维度进行：

## 一、知识维度

知识维度即学生已具备的化学基础知识。原有的知识经验是新知识学习的"抓手"和"固力点"，新知识是通过与起固定作用的原有知识经验进行相互作用而获得的。摸清学生的知识储备，明确学生对于新知识的学习是否存在或者存在哪些"固力点"，这是教学的起点；了解学生是否已经了解或掌握学习内容，存在哪些已知、半知和未知内容，哪些是学生可以通过自学学会，哪些需要教师的引导、讲解，这为教学策略的选择提供依据。

以"化学反应原理"中的"原电池"的学情分析为例。

学生在高一时已经学习过原电池基本知识，能够理解形成原电池的条件和原电池反应原理，学会了基本的原电池电极反应方程式。那么，学生在本节的学习时具备了一定的知识储备和能力基础，为此，在本节学习时，就是在原来的基础上进一步拓展，理解双池反应原理与单池反应有什么不同，盐桥有什么作用，如何设计双池原电池，从而更好地将抽象的、微观的事物与宏观的事物结合起来，建立起分析原电池的认知模型，学会分析新能源电池的工作原理，培养学生科学态度与社会责任。

## 二、能力维度

能力影响着学习的深度，也是影响教学选择的重要因素。能力维度主要是分析学生自主学习化学的能力。这是采用有效教学策略的关键点。分析不同学生理解掌握新知识的能力如何、学习新操作技能的能力如何，据此设计教学任务的深度、难度和广度。有丰富经验的教师往往能具体分析出本班学生中学习能力突出的资优生和学习能力较弱的学困生在学习时可能遇到的学习障碍在哪里，从而采取灵活的教学策略因材施教。或者说，学生的认知顺序从感知到理解，从已知到未知，从特殊到一般和从一般到特殊的结合，在理解的基础上再将其进行巩固和应用，从模仿到创造，由简单到复杂，由具体到抽象。

以人教版高一必修模块的"二氧化硫"教学的学情分析为例：

元素化合物的学习是建立在"元素观、分类观、转化观、结构观、能量观"的基础上的，是学习元素化合物知识的一般方法。在本节学习之前，学生已经学习了"氧化还原反应""物质分类"，学习了金属及其化合物性质，掌握了有关元素及其化合物的学习方法，为学习二氧化硫的性质打下了基础。在教学时，教师可以让学生从"价—类"二维图的角度自主分析二氧化硫的性质，构建硫及其化合物知识结构图，培养学生归纳知识能力，建构"元素及其化合物知识"学习认知模型，培养学生"宏观辨识与微观探析"素养。

## 三、方法维度

方法维度侧重于分析学生掌握了哪些化学方法。化学方法是学习化学知识的化学基本概念，不是具体的化学指示，也不是化学知识的简单积累，学生单纯记忆大量的化学知识并不能自发地形成化学基本观念；化学基本观念是学生基于自己的认知基础，对化学学科特征和学科知识的深刻理解，是学习者深入思考和内心体验的结果，这意味着通过化学教学来促进学生基本观念的建构是可行的。教师可以通过选取典型的化学知识、设计有思考价值的问题等来引导学生深入思考、积极反思，不断提高学生化学知识的概括水平，体验其中蕴含的学科思想方法，以促进化学基本观念的形成。

现再以元素化合物学习为例：

学会从元素的视角认识物质的"个性"，即认识物质的性质与组成物质的元素种类、元素形态的密切关系。从元素视角认识物质的"共性"，即认识基于物质元素组成可以将纯净物进行分类，基于物质类别认识同类物质具有相似性。从元素的视角认识物质的转化，认识同一元素相同价态不同物质间的转化规律；同一元素不同价态物质间的转化规律，建立某一元素的不同物质之间的联系，形成相应的知识结构。加强对元素与物质性质、物质分类、物质之间转化的认识，发挥"转化观、结构观、能量观"对元素化合物知识学习的指导作用。

以化学观念为指导提高元素化合物教学效果，能够帮助学生建构结构化的元素化合物知识，提高学生应用知识分析和解决问题的能力，进而促进学生化学观念的发展。如果学生经过元素化合物学习后能够形成元素观、转化观、分类观，自觉地用化学视角观察、理解社会及生活中发生的化学事件，就说明本阶段的教学内容实现了它的较大教育价值。

又比如，在学习"化学反应热的计算"时，教师在教学分析时已经清楚有相当多的学生对有关化学的计算有畏惧感，因此在进行教学设计分析时，教师要分析学生对化学计算的畏惧点在哪里，造成这种情况的原因，如何帮助学生建立起有关"化学反应热的计算"的方法模型，让学生遇到这类型的知识时学会如何分析，从哪里入手。

## 四、素质维度

素质维度指学生学习习惯、兴趣、情感、态度和价值观，这些是激发学生学习动机的内因。

学生的学习情感是学生面对学习内容的态度、爱好及其他与学习有关的个性特征。同一班级中学生能力处于不同层面的学生，面对同一学习内容的心理是不同的，同一学生群体对不同学习内容的喜好也有不同，这些因素导致了学生学习时产生不同的学习态度、兴趣和动机。大家常常说，兴趣是最好的老师。在教学设计分析时，教师要充分考虑到这些素质因素对学习的影响。学生是学习的主体，教会学生学习，既包括学习方法，也包括如何调动学生积极的学习动机，让学生对学习保持持续的兴趣，没有学习兴趣必然没有学习动力。教学要取得成功，就要认真分析、了解学生的心理需求，想方设法调动学生的内驱力，并采取各种有力的措施，把学生的兴趣和需求纳入合理的状态，以调动学生的积极性，将外在的教学目标系统转化为学生的心理需要，成为学生的学习目标。根据心理学分析，每个人对自己熟悉的事物比较感兴趣，而对自己不熟悉或超出其理解能力的事情是不感兴趣的。因此，在教学设计时，要把教学内容与学生的生活经验联系起来，与学生已有的知识经验链接起来，创设学生熟悉的生活情境或者感兴趣的话题，增强学生的求知欲和兴奋度。

在"二氧化硫"的教学时，教师创设了时政要闻的社会话题，把化学知识与思想政治教育融合起来，不仅让学生思考和分析社会生活中的化学知识，而且了解当前国家对生态文明建设的高度重视，培养学生的社会责任感。

【阅读材料】

先展示"酸雨对森林的污染"图片。然后让学生阅读一则时事要闻：

二〇一三年九月七日，习近平总书记在哈萨克斯坦纳扎尔巴耶夫大学发表演讲并回答学生们提出的问题，在谈到环境保护问题时他指出："我们既要绿水青山，也要金山银山。宁要绿水青山，不要金山银山，而且绿水青山就是金山银山。"这生动形象表达了我们党和政府大力推进生态文明建设的鲜明态度和坚定决心。要按照尊重自然、顺应自然、保护自然的理念，贯彻节约资源和保护环境的基本国策，把生态文明建设融入经济建设、政治建设、文化建设、社会建设各方面和全过程，建设美丽中国，努力走向社会主义生态文明新时代。

在学生阅读了以上材料后，教师接着提问："习总书记提出绿水青山就是金山银山的理念，说明了我们的水被污染了，我们的河山变秃了，那是什么原因造成了我们的山秃了，水被污染了？"这样设计的意图是，把时政材料转化成社会问题，把社会问题转化为化学问题，从学生熟悉的社会问题入手，把社会问题与化学学科知识联系起来，拉近学生与化学知识的距离，激发学习兴趣，激起已有知识，确保每一位学生都能思考，而不是仅仅是成绩优秀的少数部分学生能思考。同时，让学生增强环保意识和社会责任感，树立生态文明观，把社会问题、思想教育和学科知识三者结合起来，更好地落实立德树人根本任务。

### 五、思维维度

学生的思维特点决定了教学的难度、思考的深度。教学是一个动态生成的过程，既有预设，更有生成。学生在自主、合作、探究的学习过程中，常常生成很多新问题，产生新思考，提出新疑问，形成新观念。不同学生由于考虑问题角度不同将会引发新思考，这对发展学生的创新能力、探究意识和学科素养都有很多的帮助。教师在教学设计时，除了根据教学目标的需要思考预设问题外，同时要从不同层次基础学生的角度思考学生在某些知识问题上可能遇到的问题、提出新的观点，因此，在教学时间设计上，要留出一定时间，让学生充分地思考、应答、讨论、互动和回应，教师的教学设计必须为教学中的不确定因素留有时间，为教学生成创造机会，否则课堂教学将按照教师的节奏沿着预设的轨道"走到底"，只有教而没有学，这样学生将成为接受知识的容器，阻碍思维的发展，"自主、合作、探究"的教学要求很难落实，更难促进学生化学学科核心素养的发展。

现以人教版必修一"氨气与氯化氢的反应"为例。在教材中，"如氨遇到氯化氢时，迅速反应生成氯化铵晶体"。按照教材的意图，这里的实验现象应该归纳为产生白烟。如图3-2-1。

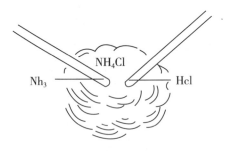

NH$_4$Cl

Nh$_3$ — — — — — Hcl

氨与氯化氢的反应实验

图3-2-1

但在很多时候，学生或者教师做完实验后，学生的回答并不像教师所预设的那样回答，而是提出几个疑问：

（1）为什么是白烟而不是白雾？

（2）这些烟雾会不会是由于浓氨水或浓盐酸的挥发造成的？

（3）这个反应的气味很大，学生不希望老师做这个实验。

学生提出的三个问题，给教师的教学预设提出了挑战，很多老师在教学中遇到学生的这个疑问，可能出现几种情况：不理睬学生的问题继续讲课，告诉学生就是这样，不要有其他想法，甚至觉得学生"找茬"；有的老师则根据学生的问题做出回应，并对教材实验进行改进，让学生真正体会到化学实验带来直观现象的同时，更能真正认识到知识形成的过程，培养学生学习兴趣，保护学生思考的积极性，为学生深度学习创造良好的氛围。

学生的问题能激发教师对教学的认识，并对化学实验装置进行了改进，既帮助学生学习，也能促进教师对教材内容进行二次开发。教师的实验进行了以下改进，使用Y形管进行实验（如图3-2-2）。向Y形管的两端分别滴加浓氨水和浓盐酸，后用胶塞塞紧Y形管管口，让学生观察有何现象？

浓氨水　　　浓盐酸

图3-2-2

这时，学生会说看到白雾，也有同学说有白烟。这时候，老师不急于为学生解释，而是向学生提问，白烟与白雾有什么区别？学生在之前的学习中已经明白了白烟与白雾的区别，在师生讨论对话后，教师让学生继续观察Y形管里面有什么现象，这时候，学生发现了Y形管内"白雾"消失，而Y形管的内管壁上则有白色固体附在上面，经过具体的实验现象观察，这时学生对实验的结论结果再也没有异议，更重要的是培养学生严谨的科学态度，突破学习思维上的障碍。

　　学生是教学的起点，也是教学的目的。摸清学情是实现有效教学的关键。学情分析贯穿于教学的整个过程，教学之前，学情是确定教学起点的依据；教学过程中，学情是调整教学进度、确定教学"高度"的依据；教学之后，学情是不断调整和动态促进学生持续学习力的保障，也是不断调整教学动态的依据。

　　总之，只有在分析学生的学习基础、学习能力和不同学生之间的差异后，才能设计好教学内容，做到"因材施教"，学生才会学得开心、学得轻松，从而提高课堂效率。苏霍姆林斯基说过："教学的技巧并不在于能预见到课堂的所有细节，而是在于根据当时的具体情况巧妙地在学生不知不觉中做出相应的变动。"因此，教师的教学不在于其教学预设多么完美，而在于引导学生积极思考，注意观察学生对学习新知识时的反应，包括行为表现和心理表现；在于当课堂出现教案预设之外的情形时，能够敏锐地捕捉偶发的教育契机与灵感火花，并对学生的即时表现做出积极的回应，达到"于无声处听惊雷，于无色处见繁花"的目的。

# 第三章　教材分析确定教学目标

　　教科书是学生获得知识的主要来源。教材知识主要以"平面化"的形式呈现。在教学前，教师要认真研读教材，只有读懂教材，才能读懂学生。教材分析到位，"一分析两确定"准确，教学就能事半功倍。教材分析是教学工作中的一项重要环节，只有对教材进行深入分析，才能够充分挖掘出教材所需要展现的能力价值，培养学生的思维转换能力。教师对教材分析的深广程度将直接影响课堂教学的质量。

　　教师心中有知识体系，才能看清教材的知识结构、内容联系，才能把各章节内容放在化学知识体系中来理解与设计，认清教学内容的地位作用，才能深刻地理解内容，为学生确定学习目标，快速地把握重难点，做到深入浅出，削枝强干，去粗取精，避免教学过程中出现浅层化、片面化、绝对化的问题。

## 一、分析教材内容

　　分析教材，就是要分析教学的知识在章节知识体系中处于什么位置，在高中化学教学阶段的地位和作用；分析教材知识的结构、知识的呈现顺序、呈现方式；分析教学内容与其他学科之间有什么联系，这个知识在其他学科中的表达方式；教学知识与社会生活的关联性，关联点是设计教学的依据之一；分析教材中的隐含材料，这些材料是需要教师组织教学的重要材料，包括"科学视野""资料卡片""思考与交流""实验插图""实践活动""科学史话""生活图片""科学探究"等等。这些图片材料体现了实验现象信息、化学与社会生产生活的联系，拓宽学生的视野，反映了化学知识概念的形成过程，有利于学生更好地理解学习内容，是学生进行自主学习的重要内容，对发展学生化学学科核心素养起着重要的作用。有的教师在教学时对这些重要材料忽视了，并没有发挥好教材知识对学习的作用。

## 二、确定教学目标

所谓教学目标，就是预期学生学习的结果，是对通过教学活动所促成的学生身心变化的预期的一种陈述，应通过预期学习后学生的发生变化来界定。也就是说，教学目标就是经过一节课或一段时间学习后，知识、能力和情感态度价值观发生了怎样的积极变化。清晰准确的教学目标，是开展有效教学的"GPS"。布卢姆认为，教学目标是指"明确阐述通过教育过程使学生得以变化的方式，即学生改变其思维、感情和行动的方式""是作为教育经验结果的个体所发生的变化"。

教学目标不清晰，教学就不清晰；教学目标不准确，教学行为就像"盲人摸象"；教学目标不具体，教学评价就无法落实。教学目标清晰，教学的方法才能恰当；教学目标把握准确，教学评价才能准确。教学目标是能否顺利开展自主学习的关键，在具体的教学目标指引下，学生开展自主学习就能按目标顺利地开展下去。布鲁纳认为，教学目标在于：我们不仅应当尽可能使学生牢固地掌握科学内容，而且还应当尽可能使学生成为自主且自动的思想家；这样的学生当他在正规的学校教育结束之后，将会独立地向前迈进。

现代教学设计理论把教学过程看成是师生借助教学目标进行互动，并用目标来调节自己行为的一个信息反馈过程。教学心理学在理论和实践两方面的研究均表明，教学目标制约教学过程、教学方法和师生课堂活动的方式等，在课堂教学中发挥导学、导教、导测评的功能，所以编制教学目标是教学设计的核心环节，是整个教学设计的统帅。教学目标就比如我们去旅游，在出发之前先有明确的目的地，路线怎么走，采用什么交通工具，到了以后，先参观什么后参观什么，如果在旅行的途中遇到了什么外界因素的影响，将作出什么样的调整。如果在出发之前没有一个清晰的目标规划，既没有路线图也没有计划怎么去，去那个地方是为了看什么，在那里有什么名胜古迹或者风土人情或者自然风光等，都应该摸清楚，而不是毫无准备，即使到了那里也不知道往哪个方向走，漫无目标，既浪费时间，又无所收获。

教学目标就预期学生学习的结果，是对通过教学活动所促成的学生身心变化的预期的一种陈述，应通过预期学习后学生发生的变化来界定。教学目标既是教学活动的出发点，又是教学活动的归宿。目标是开展教学评价的"指南针"，教师有了目标，就能掌握学习动态，掌握影响目标达成的因素是什么，这些影响因素对不同的学生有什么影响，教师如何通过设计不同的环节和策略以减少不利因素的影响。及时调整教学内容、进度和难度，学生有了教学目标，就能清楚自己的学习与目标之间存在多大的距离，到达目标时遇到什么问题，需要什么支撑。

基于学生核心素养的教学，要围绕"化学学科核心素养"的培养展开设计，通过发展学生的学科核心素养以达到培养学生的自主学习能力的目的。教学目标设计到位，课的立意就能获得提升，课的设计立意高，教学的效果自然呈现，学生素质就能得到发展。

教学目标的制定，要忠实于教材的要求，也要基于学生的实际，切实落实课程标准的要求，具体可以从以下几方面设计。

（1）教学中要聚焦于学生学到了什么，以及怎样让他们学得更多。这就需要教师对学生的已有知识和能力有一定的判断和了解，同时要根据教学的要求，比较学生的能力与教学的目标之间的距离有多远，如何达到这种要求，在到达这个目标要求的过程中，什么因素是影响学生的目标达成的问题。因此，教师的备课就很重要，如果教师在备课时，只是对教学的内容进行研究，而忽视了对学生的研究，那么，在教学中，就无法聚焦于问题，关注点就发生偏移，也就无法做出评价和判断。所以，教师要了解学生的学习目标，并清楚他们是否达成目标，未能达成目标主要的障碍点是什么？基础、态度、方法、投入等等。只有清楚了这些，教师在教学过程中开展教学指导就更有针对性，采取的教学策略就更接近学生的认知规律。如果教师只是关注自己如何制订有效的教学计划，而不去了解学生最希望学的是什么，这种教学永远是低效甚至是无效的，这就像一名司机教练，只想怎样把开车的技巧给学员说清楚，而不是针对学员目前在学车时出现的主要问题，即使讲得再好，也无法帮助学员开好车。当然，这并不是否认教师对教学内容的理解，如果教师不清楚教学内容，没有精心设计教学内容，抓不住教学的关键知识、知识之间的相互联系，以及如何设计好单元内容之间的关系，教学就很难收到良好的效果。

（2）教师在设计教学目标时，要重视学生的生活经验信息，学生的学习主要依靠他们日常接触的信息，而且能激发学生的学习兴趣。奥苏伯尔指出，当学生面对学习任务时，倘若其认知结构中缺乏适当的上位观念可以用来同化新知识，则可以设计一个概括与包容水平高于要学习的新材料的组织者。让学生先学习这一组织者，以便获得一个可以同化新知识的认知框架。这一组织者被称为陈述性组织者。其次，当学生面对新的学习任务时，倘若其认知结构中已经具有同化新知识的适当观念，但原有观念不清晰或不巩固，学生难以应用，或者他们对新旧知识之间的关系辨别不清，则可以设计一个指出新旧知识异同的组织者。这种组织者被称为比较性组织者。运用组织者的基本目的是从外部影响学生的认知结构，使之易于同化新材料。

比如，对于初学化学的学生来说，生活中的化学知识就是他们学习化学的"工具箱"和"脚手架"，是他们学习化学的"最近发展区"。因此，教师在进行教学设计时，应重视从生活中学化学，并指导学生利用刚学习的知识去解决化学的问题，以期检查学生对新知识的理解和掌握情况，培养学生自主学习化学的习惯，促进学生学以致用的能力。因此，教学活动需要精心设计，以便学生能够经常接触到相关的信息。

案例，在高一"化学反应速率"教学时，为了让学生更好地"理解影响化学反应速率的因素"，在设计教学内容时，教师设计几个问题：①生活中为什么把食物放进冰箱中保存？（意图：帮助学生理解温度影响化学反应速率）②为什么石油要经过上亿年才能形成，而火药却在瞬间就发生爆炸？（意图：说明不同的物质的反应快慢不一样，说明内因是主要原因。）③为什么把少量$MnO_2$粉末加入$H_2O_2$中会迅速产生气泡？（意图：催化剂影响化学反应速率的快慢。）④把大小一样的Zn与不同浓度的HCl反应，为什么产生气泡的快慢不同？（意图：浓度对化学反应速率的影响。）

（3）活动要为教学目标服务。把学习伪装成好玩的游戏不会引起学生的兴趣，只有建立具体的、重点突出的教学目标，才对学生更有帮助。有的老师在一节课中设计了很多思考活动，这不仅冲淡了学生对目标的理解、对关键性知识的关注，同时会让学生的思维处于一种缥缈无定的状态，无法静下来对所学知识进行思考。只有在具体目标指导下，教师才能设计有意义的活动，通过活动让学生思考，通过活动知道学生有哪些不足和增长点，让学生明白哪些知识更重要。这样的教学才能真正引起学生对知识的关注，拥有如何去运用知识解决问题的能力，以及促进学生的深度思维的发展。

清晰的富有挑战的目标，可以让学生提高表现、集中注意力、增强毅力，并激发对相关知识的回忆，也能增强学生完成任务的信心和积极性。教学目标越具体，在后面的教学过程中就越能很好地评价学生对知识的掌握情况，同时，学生很清晰地明白自己要学习的内容。教学目标如果不明确、不具体，一节课下来，学生学过跟没学过没有什么区别，教师教了跟没教过对学生来说没有什么变化，这种教学只能是浪费时间，增加了师生的负担。特别是，目标模糊对于学习基础差的学生来说是苦恼的，因为他们不知道如何学习，而对于能力好的学生来说也好不到哪里去，因为他们会不合理地安排学习时间，不会判断自己所学习的知识与其他知识之间有什么联系，不利于把未知知识更好地融入到已有的知识体系中去。

可是不少化学老师对此认识不足，把教学设计看成是教学方案的设计，设计的着力点是教学过程，思考最多的是教学方法和手段，上课的内容是教材知识，而不是经过加工、重整、优化之后的教学知识，写完教学方案之后马马虎虎，在前面贴上几行目标者大有人在。甚至课上完了，教学目标还没想过，成了可有可无的摆设，在以学科核心素养为导向进行教学的今天，教师务必重视教学目标的设计，深入挖掘和理解教材编排的意图和知识背后的育人目的，知识与能力之间如何衔接和转化，能力如何转化为素养，师生之间新型合作关系如何构建，等等。评价一项工作是否有效，其实是针对原来设定的适切目标而言，只要指向预设的目标并已达成才是有效的，如果教学目标本身有问题或有偏差，教学的达成度就无法完成，更谈不上如何提升教学的价值。教学目标既是教学活动的出发点，又是教学活动的归宿。

## 三、教学重点难点的确定

教学难度和教学的障碍点隐含于教学目标当中，教学目标设定不合理，不清楚，就会导致教学重点、难点和教学的障碍点不清楚，不明确的目标也就没有准确的评价标准和手段。

教学重点。凡是在化学知识体系或某个知识单元中处于重要地位和突出作用的内容，包括核心化学知识以及学习化学知识，解决化学问题是典型的科学过程与方法，即为教学重点，认清教学重点是一种目标分析。核心化学知识是指在某些教材或整个单元中占有核心地位的知识，它能决定和影响其他知识的学习。

例如，我们在学习"化学计量在实验中的应用"时，物质的量是联系微观粒子的数量与宏观物质的质量，气体的体积，溶液的浓度，反应过程中的热量变化的物理量，是中学化学中学习气体摩尔体积，物质的量浓度，热化学反应以及定量解决化学问题的重要基础因素，因此，有关物质的量的概念以及物质的量与其他物理量之间的相互转化关系就是教学的重点。对于教学重点，在教学设计中一定要给学生留足学习的空间，清楚物质的量与各个有关物理量之间的转化关系。

教学难点，是指学生容易发生认知障碍，即难以弄清楚的地方，或者容易造成混淆的障碍点，或者超出学生当前的认知能力。这些内容或是因为知识本身抽象复杂而难以理解，或是因为学生缺少必要的知识储备难以接受，教学难点的分析，属于条件分析，即从学生认知角度进行了分析。教学重点不一定是教学难点，教学难点也不一定是教学重点，有时两者又是一致的，任何一节化学课都有教学重点，但不一定有教学难点。当然，同一个知识点对于不同学生来说，可能是难点也可能不是难点，或者从教师的角度来说不是难点而对于学生来说又成为难点，这就要求教师在教学分析和学情分析时有充分的考虑。

如何突破教学难点？这需要教师根据不同的知识，设计有针对性的方案。第一，借助现代信息技术，增强知识的可视化。比如，关于原电池和电解池的工作原理中电子流动的情况，溶液中离子移动的方向，实现微观粒子"可视化"，增强学生的"宏观辨识与微观探析"能力。第二，设计实验，突破对新概念理解的障碍。对于学生难于理解的概念，教师通过演示实验或学生分组实验的形式，让学生在化学实验过程中加深对概念的理解，突破固有的知识经验，形成新的知识经验。比如，在学习"难溶电解质溶解平衡"时，为了让学生突破对概念的理解，建立难溶电解质溶解平衡的概念，教师在教学时设计了一个演示实验：

【引入】展示一瓶饱和NaCl溶液。

【演示实验】向饱和溶液中滴加几滴浓盐酸溶液，观察现象。

【学生回答】有大量晶体析出。

【问】你认为发生上述变化现象的原因是什么？

【学生思考并回答】由于浓盐酸的加入，使得溶液中$C(Cl^-)$增大，加快了$Cl^-$与$Na^+$的结晶速率，故析出晶体。

【追问】说明了什么问题呢？如果继续向饱和溶液中加入NaCl晶体，溶液中NaCl的量是否会增加？

【学生思考并回答】说明$Cl^-$与$Na^+$的结晶与NaCl晶体的溶解是一个平衡过程，溶液中$C(Cl^-)$增大，平衡向结晶方向移动，故有晶体析出。在饱和溶液中加入NaCl晶体，平衡不发生移动，溶液中NaCl的量不会增加。

【教师板书】$NaCl(s) \rightleftharpoons Cl^-(aq) + Na^+(aq)$

【过渡】NaCl是一种可溶性的电解质，晶体与溶液中的溶质存在溶解平衡，那么难溶电解质在水溶液中是否也存在溶解平衡呢？

【板书】第四节　难溶电解质的溶解平衡。

以上设计，从学生熟悉的知识入手开展实验，但又突破学生的常规认识，给学生"制造"一个学习"障碍"，让学生思维受到冲击，这个"障碍"不仅能激起学生的学习兴趣，又能激发起学生对"旧知识"的怀疑和产生思维冲突，为学习新知识、建立新概念提供"脚手架"，学习就是在这种新旧知识的冲突中产生的。第三，构建思维模型，形成解决问题的一般方法。比如，我们在学习新元素时，要让学生懂得从"价—类二维图"的角度去分析元素化合物的性质，在学习"利用平衡常数K判断一个反应是否达到平衡时"，建立起"QC与K的关系图"，等等。

化学教学过程是一个以化学知识为载体的育人过程。通过化学知识，启智、立德、育美、培劳，促进五育融合发展、协调推进。分析教学内容，就是分析教学内容所体现的化学学科核心素养及其在培育学生过程中的作用，以用好教材，让教学成为促进学生学科核心素养发展的重要载体。我们常说，要"用教材教"而不要"教教材"，就是实现教材在育人过程中发挥最大的价值。所谓"教教材"，就是完全按照教材的编排从头到尾地不分重点、难点，把教材中的知识"灌"给学生，也不管这个学生的基础和能力是如何的，或者掌握与否，这种教学就是以教师为中心，从知识点到知识点。"用教材教"，就是基于学科核心素养的教学，坚持以学习者为中心，根据学生的基础和能力对教材内容进行解构、优化和重建，使教学内容符合学生的认知规律和心理特征。"用教材教"，无论是选择教学的知识还是教学策略、教学方式，都是基于学情的基础上进行，教材只是教学的主要依据，但不是唯一。课堂上，教师的教学就是为了学生很好地掌握知识，提升能力，发展学科核心素养，为学生的终身学习、自主学习打好基础。

# 第四章　创设学习情境的策略

知识往往在情境中生成和显现。在知识情境中，知识是活动；脱离特定的情境，知识是死的。基于学科核心素养的教学包含三个方面——"真实情境""必备知识"和"关键能力"。"关键能力"的培养主要通过在真实情境来学习知识、发现知识、应用知识、积累知识。人类的衣食住行离不开化学，化学知识隐含于人类的一切生活活动中，如何创设特定的知识情境，培养学生在真实情境中去学习化学知识，而不是全靠教师去"传授"知识、"讲解"知识，需要教师不断去转变教学方式。

20世纪50年代，美国心理学家、教育学家布鲁纳（Jerme S.Bruner）认为，知识是由概念、命题、基本原理及彼此之间的相互联系组成的。学习是由学习者的内部动机（即好奇心、进步的需要）以及同伴间的相互作用驱动而进行的积极主动的知识建构过程。德国某学者有一个生动的比喻：将ag食盐放在你的面前，无论如何难以下咽，但若将ag食盐放入一碗汤里使它美味可口，你就会在享用佳肴时不知不觉地把食盐全部喝下去了。余文森教授曾说"情境之于知识，犹如汤之于盐，盐需要溶入汤中才能被吸收，知识也需要融入情境之中才能显示其活力和美感，才能容易被学生理解、消化、吸收"，这说明了知识与情境之间的相互联系，离开了情境，知识就失去了其美感。

学习不是单独的，而是复杂的整体活动，它受到各种因素的影响，除了备课需要明确"两分析一确定"是否准确外，课堂学习情境对于学习的效果是极其重要的。学习情境包括课堂氛围和教学情境，即人文环境和知识情境。

## 一、课堂气氛

课堂氛围也称课堂气氛，是指课堂里某种占优势的态度和情感的综合状态。个别学生的态度与情感并不构成课堂气氛，但多数学生的态度与情感就会组合成占优势的综合状态而形成课堂气氛。课堂气氛具有暗示和感染的作用。积极的课堂气氛是恬静、热烈与深沉、宽松与严谨的有机统一。消极的课堂气氛通常以紧张拘谨、心不在焉和反应迟钝为基本特征，甚至是对抗学习，严重干扰教学。好的学习氛围给人积极的情感感染，能暗示和激励学生主动学习，积极思考；不好的学习氛围会干扰学习效果。良好的课堂学习氛围会延伸到课堂之外，对学生开展合作学习产生积极影响。学习是学习者的学习，若失去了支撑学习的外部环境，那么学习者很难集中精力专注于学习，积极的班级文化才能构建起学习共同体。

基于学科核心素养的自主学习，就是要构建学习共同体，让学生在积极、合作、协同的环境下开展自主学习。构建学习共同体。学习不是视为个人内部的变化，而是学习者与学习者所在的社区之间的关系的变化。这个社区就是学习共同体。学习者是浸润于情境之中的，同时又是穿越不同的情境的，无论是"迁移"还是"超情境"，都是"穿越情境"的。学习科学表明，"有效的学习唯有当学习者真正浸润在真实的现实世界的境脉时候才会发生"。教育不是竞争，而是相互协作。在协作环境中相互学习，实现差异的互补，因为每一个学习者的既有知识、学习经验、文化背景、生活经历、思维方式等之间存在着客观的差异性，通过开展协同学习，大家都可以发现对方身上所折射出来的优势，发现自身存在的不足，弥补自己经验和方法上的短板，协同学习或者合作学习就能实现学习者个体更好的发展。

无论是学习共同体的构建，还是协同学习，都需要教师积极引导和创设共同学习的机会。合作学习的习惯、任务分工、学习方法以及成果分享，都是在教师的帮助和引导下形成和发展起来的。以"教师为中心"或者"以知识为中心"的教学不可能建立起合作学习的基础，只有坚持"以学习者为中心"的学习，才能形成学习共同体，产生学习的效果。化学作为一门自然学科，与社会生活联系比较紧密，与其他学科之间的联系比较广泛，这为开展合作学习创造了空间，教师要积极开展实验教学和组织学生开展社会实践活动，让学生在活动中学会组织，收集数据，处理信息，充分发表意见，形成小组开展学习的统一意见或结论。通过组织"化学与生活"实践活动，让学生了解城市的大气情况，水体情况、调查家庭煤气、天然气、液化石油气、煤等能源利用效率，调查市场常见化学电池的种类、生活中的合金，等等。通过调查研究，学生能自觉地把化学知识与生活联系起来，在实践中加深对化学知识和原理概念的理解，通过调查实践活动拓宽知识视野，在实践过程中培养学生合作学习精神、掌握研究方法，发展自主探究能力，培养学生社会责任感和科学态度，实现课堂知识迁移到课外实践，构建学习新样态，实现学用结合。

学习的过程就是对话的过程，包括与同学之间的对话，与教师的对话，与自我的对话，与客观世界的对话，与书本的对话。在对话的过程中，思维不断产生碰撞，新旧知识和新旧观念之间产生冲突，学习者也不断产生反思，促进学习者不断发生深度的思考，通过对话，大家最后形成思维共识、形成一致认识。积极的师生关系是学生自主学习的基础，"亲其师，信其道"，培养学生积极主动的学习态度，形成强大的内在驱动力，靠的是学生对学习的兴趣，所影响的是教师的引导，师生之间的良好沟通，同学之间的良好互动，课堂教学过程的良好氛围。

## 二、知识情境

知识产生于情境，又发展于情境。杜威说，教育的艺术就在于能够创设恰当的情境。知识需要融入情境之中，才能显示出活力和美感。情境中既蕴含了具体的知识内容、问题解决和学习任务，同时又渗透着学生的情意体验。知识往往在情境中生成和显现，"任何知识要具有生命力，都必须作为一个过程存在于一定的生活场景、问题情境或思想语境之中。知识本来产生于某种特定'境域'，按照科学社会学的观点，产生于知识发现者的生活、情感与信念，产生于研究者的知识，产生于研究共同体内外的争论、协商和各种思想支撑条件"。在知识的情境中，知识是活的；脱离特定的情境，知识是死的。良好的情境能让学生真切地发现学习的意义与价值，深层次激发他们的学习兴趣，促进意义学习。"任何知识都是存在于一定的时间、空间、理论范式、价值体系、语言符号等文化因素之中的。离开了这种特定的境域，既不存在任何知识，也不存在任何认识主体和认知行为"。从教学的角度讲，"所谓知识的情境化，就是指教师在教学过程中有意识地引入或创设一定的情境，把知识转化为与知识产生或具体的情境具有相似性结构的组织形式，让学生参与、体验类似知识产生或运用过程的情境，直观地、富有意义地、快乐地理解知识或发现问题乃至创设知识。把知识还原到情境中，会使学习者直观感受到知识的原始形式，增强感受力，也同时增强理解力，甚至还会增强创造力。知识教育的情境化不仅能提高知识接受的效率，还能使知识的内涵丰富地呈现在学习者面前。抽象知识脱离了知识产生的具体情境，知识丰富的情境内涵被抽象掉了，直观、形象、生动的知识形式转化为单一、枯燥、抽象的形式，于是理解起来也可能产生错位，或者晦涩难懂"。真实的教学情境才能产生真实的想法，才能吸引学生的注意力，让学生产生兴趣，激发学生思考，才能深层次地刺激内在的知识。学习的过程就是接受知识、提升能力的过程。真实的情境才能产生真实的问题，真问题才能激发学生唤醒已有的知识，通过分析情境、提取信息、联系知识、建构知识，培养和发展学生的真实学力。基于学科核心素养的教学，就是要求教师要把学科知识情境化、问题化，通过将学科知识与生活、生成或社会问题相融合，把本学科知识与其他学科知识融会起来，增强学生的兴趣，这样的问题才能引发学生自主的思考，而不是把知识全部"传授"给学生，把学生当作知识接受容器。这种教学，学生得到的是碎片化、零散的知识，或者说是知识信息片段，很难融进学习者知识网络，产生知识经验，形成能力，学生只是"知道者"，很难成为知识的探究者。随着知识信息增多，学生对学习很难形成知识兴趣，甚至限制学习能力发展。

杜威将学习过程视为实际问题解决的过程。他将经验过程、思维过程、探究过程、问题解决过程统一起来，并认为这一过程包含五个基本步骤和环节。①情境：一开始学生要接触一个真实的经验情境，从事自己感兴趣的活动；②问题：在该情境和活动中，包含着需要学生探究、思考的问题，学生利用已有的知识、经验，进行观察或与别人交流，发现和确定问题；③假设：通过"设计、发明、创造和筹划"，提出解决问题的假设；④推理：通过目前情境的仔细考察，或利用文献资料，对假设进行推理，以修正或调整假设；⑤验证：将假设和推论运用到实际情境进行检验。同时，杜威认为，问题解决具有探究的性质，对于问题解决者而言，所有的问题都涉及未知和不确定的因素，因此，问题解决的过程必然包含探究和发现的成分。

教学的过程是知识的解构和建构的过程。教师把整体化、系统化知识分解成学生能理解的多个知识点，以降低知识难度，帮助学生理解知识、概念的形成过程，以情境化、问题化的情境引导学生层层深入思考，让学生在情境中去发现知识，掌握知识的本质含义，符合学生的认知规律。知识被学生接受后，还不能形成知识能力，教师又需要通过问题情境，让学生在真实的情境中应用学科知识去解决问题，体验知识在社会生活中的实际意义，并在解决问题过程中把新旧知识、概念、经验建立起联系，从而自主建构起结构化、网络化的知识体系，在新旧观念的冲突、纠正中重构其新的知识经验。因此，没有情境的知识是僵化的知识，没有把知识应用于实践的知识是死知识。正如《剑桥学习科学手册》中所论述的："科学知识是情境性的、实践性的、通过协作产生的，而课堂内一步一步的知识讲授或实验操作，可能会完全忽视了科学知识的上述性质。"

创设情境要符合"最近发展区"理论，教学情境必须源于学生熟悉的生活，符合学生的认知水平和他们的生活实际，问题情境必须具有一定思维容量和思维强度，使学生需要经过努力思考，"同化"和"顺应"才能解决问题，具体从以下几方面进行思考和设计。

**1. 创设社会化的教学情境**

现实生活是教学的源泉，是科学世界的根基，教学只有联系生活，走进生活，才能使人真正体验和理解知识的内在意义和价值。现实生活是教学的基础和前提，教学只有与生活联系起来，教学才有现实意义。杜威曾说，教育即生活。陶行知说过，生活即教育。无论是教育即生活还是生活即教育，都强调了教育与生活是不可分离的，知识与社会是不可分离的，教育的目的是为了促进人的发展，而人的发展就是为了更好地生活。所以说，生活是教育的根本，教育起源于社会生活，服务于生活，这种教育才是活的教育，好的教育。

化学与社会生产生活紧密联系，基于化学学科核心素养的教学，就是要以社会化知识为载体，在情境中提高学生的信息能力，培养学生的信息素养，增强学习体验。

比如在学习"无机非金属材料的主角——硅"时，在新课引入时，教师创设了以下教学情境：

美国的硅谷，位于美国西海岸加利福尼亚州北部旧金山南郊，圣克拉拉县和圣胡安两城之间的一条长48公里、宽16公里的长条形地带上。由于它集中了全世界90%以上的著名半导体公司（思科、英特尔、惠普、朗讯、苹果），半导体的基本元件是硅片，所以该地区被称为"硅谷"。该地区客观上成为美国高新技术的摇篮，现在硅谷已成为世界各国半导体工业聚集区的代名词。也是高新科技的象征。

2009年诺贝尔物理学奖得主、号称"光导纤维之父"的高锟教授进行光导纤维科技与感光组件的研究，带领人类走向科技飞跃的未来。1966年，高锟发表了一篇题为《光频率介质纤维表面波导》的论文，首创性地提出光导纤维在通信上运用的基础原理。简略地说，只要解决好玻璃纯度和成分等问题，就能够应用玻璃制造光学纤维，从而高效传输信息。这一设想提出之后，有人称之为匪夷所思，也有人对此大加褒扬。但在争论中，高锟的假想逐步变成现实：利用石英玻璃制成的光纤使用越来越广泛，全世界掀起了一场光纤通信的革命。这次一半的诺贝尔奖金由高锟获得，他的继续研究大幅突破了光在玻璃光导纤维中传播的距离，可以让光在光导纤维中传播远超过一百公里，远远超过当时实验室最好的成果（约20米）。光导纤维在通信领域上的应用跟我们当前的生活应用已经密不可分，例如网络的高速传送，大幅提高了我们的通信质量。

以上教学的教学情境中，以通信材料为教学素材，能迅速拉近教材知识和生活知识的距离，点燃了学生的学习兴趣，点燃探究新知识的兴奋火花。

比如，在学习"$Na_2CO_3$和$NaHCO_3$的性质"时，教师以侯德榜的"侯氏制碱法的原理"为素材：碳酸钠（$Na_2CO_3$）用途非常广泛，可用于医药、造纸、冶金、玻璃、纺织、染料等工业，也可用作食品工业发酵剂，也是居家生活必备，洗衣、去污、除臭，无所不能。虽然人们曾先后从盐碱地和盐湖中获得碳酸钠，但仍不能满足工业生产的需要。侯德榜先生经过上千次试验，在1943年研究发明了联合制碱法。这种方法把合成氨和纯碱两种产品联合生产，提高了食盐利用率，缩短了生产流程，减少了对环境的污染，降低了纯碱的成本。侯氏制碱法的原理如下：

（1）将二氧化碳通入氨水的氯化钠饱和溶液中，使溶解度较小的碳酸氢钠从溶液中析出：$NaCl+NH_3+H_2O+CO_2=NH_4Cl+NaHCO_3\downarrow$

（2）过滤得到碳酸氢钠晶体，$NaHCO_3$热稳定性很差，受热容易分解：

$$2NaHCO_3 \stackrel{\triangle}{=\!=\!=} Na_2CO_3+CO_2\uparrow+H_2O$$

这个教学情境，不仅让学生学习侯德榜先生的爱国情怀，培养社会责任感，在学科教学中落实立德树人根本任务，同时，通过制碱法的原理，很好地从教师的教学素材中掌握了重要的两种钠盐的性质和相互之间的转化，有助于学生形成从生活中学习、从实践中学习的习惯，培养学生从信息中获取知识的自主学习能力。

**2. 以新旧知识和观念创设情境**

学生在学校里学到的不是零散的、片面化的知识，而是"提炼浓缩"且"易于消化"的系统的、整体的知识。任何知识都是整体网络上的一个点或者一个结，离开了网络，单一的知识就失去了"生命力"，成为无本之木。知识只有在整体联系当中才能真正被理解、被掌握，从而实现其价值。也就是说，学生对新知识的学习是以旧知识为基础的，新知识要么是在旧知识的基础上引申和发展起来的，要么是在旧知识的基础上增加的新内容，或由旧知识重新组织或转化而成的，所以旧知识是学习新知识最直接、最常用的认知停靠点或"知识驿站"。我们常说，有效的教学始于学生原有的知识和技能。因此，以旧知识为情境，能吸引学生对新知识的学习。

案例，在学习"盐类水解"时，教师提出，$Na_2CO_3$是盐，但为什么称为纯碱？为什么它的水溶液呈碱性？在引入新课时，教师直接从学生熟悉的$Na_2CO_3$入手，直接提出问题，让学生产生经验上的冲突，激起思维的火花，产生"蠢蠢欲动"的学习"冲动"。

### 3. 创设学科知识化问题情境

问题是科学研究的出发点，是开启任何一门科学的钥匙。没有问题就不会产生解释问题和解决问题的思想、方法以及相关的知识，所以说，问题是思想、方法、知识得以积累和发展的逻辑力量，是生发新思想、新方法、新知识的种子。学生学习同样必须重视问题的作用。现代教学论指出，从本质上讲，感知不是学习产生的根本原因（尽管学生学习是需要感知的），学习产生的根本原因是问题。没有问题也就难以诱发和激发求知欲，没有问题，或者感觉不到问题的存在，学生就不会去深入思考，学习也就只能停留在表层和形式上。

例如，在学习"铁盐和亚铁盐"时，教师提问："丹霞山的地貌为什么是红色的？"你如何证明你的猜想？请设计实验验证你的猜想。这个问题的提出，一下子激起了学生的兴趣，引发学生思考。这个问题情境中，既有地理知识，也有自然知识和化学知识。要证明红色是什么物质，这就需要知道哪些离子是红色的，要证明红色物质中含有$Fe^{3+}$，就必须知道$Fe^{3+}$的检验方法，要检验红色土壤中的$Fe^{3+}$离子，需要掌握一系列的实验操作方法，包括粉碎、酸溶、过滤、检验等过程。通过创设真实问题情境，让学生在问题情境中利用化学学科核心知识去分析问题，解决问题，符合学生的心理特点，培养学生自主探究知识的能力，打破不同学科之间的严格界限，促进学生学科核心素养的发展。

**4. 以日常生活知识创设教学情境**

化学与人类的日常生活紧密相连。生活中处处有化学，事事跟化学相关，中学阶段学习的很多化学知识广泛应用于日常生活中，学生从平常生活中或多或少取得了一定的经验，有的是正确的，但不理解道理是什么；有的是片面的，甚至是错误的。生活中我们最习以为常的片段，若不特地截取，这些"化学知识"很轻易地与我们擦肩而过。很多时候，老师也没有注意把化学与生活联系起来，导致有的学生越学越感觉到化学没意思，越学越感觉到化学无非就是要记住化学方程式，背各种反应原理，掌握的都是知识片段，至于知识的联系，由于很少训练，并没有形成习惯，更加无法提升能力。从与学生密切相关的日常生活中引出学生无法解答的问题来引发学生的学习需求，是一种常用且有效的引入方式，教师善于通过生活情境的创设，通过深入的思考及后续的探究挖掘知识内涵，实现"化学与生活"的有机结合。

【案例一】

以"氯气的性质"为例，我们创设真实生活情境——大家知道，金鱼若要换水，先将自来水放在太阳下晒一段时间以除去氯，这样金鱼就可以在其中快乐"生活"。为什么有氯的存在鱼会死呢？氯元素是以何种形式存在于自来水中的呢？为什么通过日照可以除去自来水中的氯气呢？那如果一时忘记了晒水，怎样才能应急使用自来水呢？这一系列的问题将原本习以为常的生活片段进行了深度挖掘，让学生不仅仅知其然，而且知其所以然。养鱼的自来水变成了学生认识次氯酸性质的载体，将化学知识融入了生活，使化学与生活更加接近，实现学科知识生活化，生活常识学科化，培养学生积极的生活态度、化学学科核心素养，素养在生活中得到培养，能力在生活中得到提升。

教学过程中为学生创设更多的情境，从而实现知识由点到面的传递与再现，通过学生思维的碰撞唤醒他们的主动学习意识，最终达到学生自主探究的目的，学会证据推理与模型认知，培养学生一系列的化学学科核心素养。

精心设计良好的教学情境，使学生由情入境，情境交融，对即将学习的内容处于专注状态，把学生的注意力直接指向学习目标，有效引发学生的注意，达到预期的教学效果。

【案例二】

在学习"乙烯的性质"时，教师展示"生硬的猕猴桃"，并对学生说，从超市买来的猕猴桃常常是生硬的，不好吃。有一个很简单、能让它变得好吃的办法：把成熟的苹果和猕猴桃一起密封在一只塑料袋里（边讲边演示），一段时间后猕猴桃就成熟了，散发出诱人的香气（出示已放置数天的相似塑料袋，取出猕猴桃）。这是怎么回事呢？原来成熟的水果会释放出乙烯，从而对其他水果起到催熟作用。乙烯到底是一种什么样的物质呢？它还有哪些重要性质及应用呢？今天，我们一起学习乙烯的结构和性质。

直接把生活常识与教材中的化学知识联系起来创设教学情境，能够大大激起学生的学习兴趣。对于现代中学生来说，他们的生活衣食无忧，对生活中的很多细节关注度不够，那么，在教学中若教师经常从生活中引发教学情境，不仅是教学的需要，也是对学生进行生活教育的需要，从而培养学生热爱生活的态度。

# 第五章　以教学评价提升教学质量

　　教学评价是高中化学课程实施的重要环节，在课程改革与发展中起着导向与质量监控的作用。化学学习评价包括化学日常学习评价和化学学业成就评价。化学日常学习评价一般是指平时学习过程中的学习表现，包括课堂学习活动表现、纸笔测试、作业、社会实践活动、学习档案评价等，化学学业成就主要有化学学业水平合格性考试和化学学业水平等级性考试。教师在教学过程中，要坚持"素养为本"的化学学习评价观，紧紧围绕化学学科核心素养的发展水平和学业质量标准来确定化学评价目标，坚持过程性评价和结果性评价相结合，充分发挥评价促进学生化学学科核心素养的全面发展。

　　作为一线教学的教师，虽然在一个单元或一个模块学习结束之后，也对学生进行总结性评价，以检验学生在一段时间学习结束之后对知识的掌握情况，但在日常的教学中，更多的是开展日常课堂教学评价，帮助教师及时了解学生的学习情况，以反馈教学，调整教学节奏和方法，以更好地促进学生的学习进步。教是学的起点，学是教的目的，教了不等于学，学了不等于学会了，教师怎么知道学生学会了没有，学得怎么样，学生怎么知道自己是否已经掌握有关知识？那就需要通过教学评价才能发现教与学之间的差距，学习与目标之间的距离，从而及时采取有效的补救措施。

　　化学日常学习评价是化学教学不可或缺的有机组成部分，是提升教学质量，课堂教学实施"教、学、评"一体化，不断优化教学手段，有效落实教学目标，促进化学学科核心素养发展的策略。

课堂教学评价专指对在课堂教学实施过程中出现的客体对象所进行的评价，主要是对教师课堂教学的行为及其效果所进行的价值判断。课堂教学评价能够有效地评价教师课堂教学的状况和优缺点，为教师提供一个科学了解自身教学状况的平台，使其明了自己教学中存在的不足和今后努力的方向，为教师的专业发展提供调整和反馈依据。只有让教师了解自己在课堂实践中的优点、亮点、特点和弱点，才能找到今后努力发展的方向。同时，课堂教学评价能及时发现学生在新知识学习中有哪些优点和不足，包括学习能力、学习基础、学习方法等，为教师的教学提供数据，并为教师及时调整教学知识容量、进度、难度、策略、个性化辅导提供依据。

## 一、教学目标评价

课堂教学目标是指教学活动预期达到的结果，是教育目的、教学目标和课程目标的具体化。课堂教学目标比课程目标更具体，是课程目标在具体的教学内容中的体现，是指通过具体的教学之后学生在知识、能力与方法、情感态度价值观方面有什么变化。在化学学科的课堂教学中，教师需要根据化学课程目标和具体的教学内容来确定详细的教学目标；以便选择教学内容和教学策略，以确定教学效果。课堂教学目标是教学的"指挥棒"，课堂教学中的一切活动必须围绕教学目标、指向教学目标，并且努力去实现这个目标。基于化学学科核心素养的课堂教学要坚持"以终为始"，坚持目标导向组织教学，使教学始终不断向目标靠拢，通过学科知识的学习，培养学生自主、合作、探究和解决问题的能力，促进学生化学学科核心素养的发展。

目标是评价的目的，评价是目标的手段。课堂教学目标清晰，评价就有针对性和抓手。根据目标，评价及时准确地做出反馈。教师对教学目标的理解将导致不同的教学行为，直接影响到教学过程活动的实施和不同的教学效果。

教师在制定教学目标时，要认真研究教材内容和课程标准，并基于学情的需要设定清晰和具体的教学目标，在确定教学目标时，目标要让人读得懂，可测量和可评价，而不是笼统模糊或"高大上"，这样学生可以根据教学目标开展自我评价，发现自己的不足。

现以"二氧化硫"的教学为例。在制定"二氧化硫"的教学目标时，教师根据新的课程标准"结合真实情境中的应用实例和通过实验探究，了解硫及其重要化合物的主要性质，认识这些物质在生产中的应用和对生态环境的影响"，对"二氧化硫"的教学目标进行以下的具体化讲解。

**1. 教学目标**

（1）通过实验探究，掌握二氧化硫的主要性质。

（2）通过对含硫物质之间的相互转化关系，建立起元素化合物学习的认识模型（分类观、转化观、认识观）

（3）了解硫及其重要化合物的主要性质，认识这些物质在生产中的应用和对生态环境的影响，增强社会责任感。

**2. 评价目标**

（1）通过学习硫及其重要化合物的性质，诊断并发展学生构建以二氧化硫为基础的"价—类"二维图。

（2）通过具体的探究实验，诊断并发展学生自主探究知识能力。

（3）通过对酸雨的治理方案的设计和点评，诊断并发展学生对化学价值的认识水平（学科价值视角、社会价值视角、学科和社会价值视角）。

课堂教学目标是教学活动的核心。在教学目标中包含了知识目标、行为目标、能力目标和情感目标，把化学核心素养融合于教学目标中。在"二氧化硫"这节教学目标中，第一个目标是知识目标，需要学生掌握"二氧化硫"的主要性质；第二个目标是能力目标，学生要以二氧化硫的性质为代表，掌握好元素观、转化观、分类观，实现知识向能力的转化，构建起学习元素化合物知识的一般认知模型，从而实现知识向能力、能力向学科核心素养的转变；第三个目标是情感目标，培养学生的社会责任感和环保意识，培养好公民意识和责任担当，这就是化学教育的目的。

根据教学目标建立起的评价目标，就如教学的评价表，教师根据评价表实时检测教学情况，及时反馈教学情况，对教学过程以及学生的学习表现做出判断，是教学的"GPS"，有了这个教学导航仪，教学就更加有针对性和明确的指向。有了明确目标和评价目标，在课堂教学活动中，教师就清楚哪些知识应该由教师讲授，哪些知识通过学生合作、自主、探究学习而获得，在评价目标的指导下，教师清楚"教什么"，学生明白"学什么""怎么学"，从而选择适合学生"最近发展区"的教学方法和教学策略，促进学生自主学习化学能力的发展。

## 二、学情的评价

学情是制定教学目标的依据，也是教学的起点。学情评价也称学习分析，它是伴随现代教学设计理论产生的，是教学设计系统中的重要因素之一。现代教学设计理论认为，认真研究学生的实际需要、能力水平和认知倾向，"为学习者设计教学"，优化教学过程，可以更有效地达成教学目标，提高教学效率。

学情分析越到位，制定教学目标就越具体，选择教学内容就越符合学生最近发展区，教学的方法就越能促进学生高阶思维的发展。学情评价包括课前评价、课中评价和课外评价。不同阶段的评价有不同的方法和目的，课前评价更多是为了制定教学目标，课中评价是更好地发展学生思维和促进学习，课后评价是为了教学补救或者是能力提升。

### （一）关于课前评价

（1）学生已有的基础，如果不是新接手的班级，教师对学情分析是比较清楚的，主要是根据学生以往的测试成绩做出评价判断，比如，所教班级学生在年级中的位置，教学班内学生平时的学科学习情况如何、能力如何、不同层次学生的人群分布如何。

（2）学生已有的知识基础，根据新学习内容之前学生学过的知识做出判断。

学生在学习"二氧化硫"时，已经学习了氧化还原反应，物质分类，酸碱盐的性质，金属钠及其化合物，氯及其化合物，初步具备了学习元素及其化合物知识的一般方法，具备分类观、元素观、转化观等知识，这就为设计二氧化硫的教学打下了知识储备。

### （二）关于课中评价

教学设计是教师针对学生的已有知识经验和能力做出的预先判断，但在实际教学过程中有很多不确定性，教师要根据学生的反馈做出正确判断。课堂教学要体现"学习者为中心"就必须根据学生的表现做出及时的调整，这是实现有效教学的关键之处，也是落实教学目标的重点。教学过程中对学情进行评价主要包括：一是提问学生，根据学生的回答情况进行评价；二是根据学生的行为和表现做出评价，这个对于教学经验比较浅的教师比较难，而对于教学经验比较丰富的教师相对容易；三是组织学生开展讨论；四是利用小测对学生进行评价。

课堂组织学生开展讨论是进行课中评价的常见方式。在平时的教学中发现，班级中大多数的学生受到了"不平等"的对待。观察课堂上师生之间的互动，你就会发现教师经常对一些学生进行指导和讲解，而对另一些学生置之不理，教师总是给一些学生鼓励和支持，另外一些学生则没有。教师还会鼓励一些学生积极参与到课堂中来，而对另一些学生的学习态度却是消极的。研究发现，通常情况下，教师对班级排名前1/3的学生给予的关注最多，而对后1/3的学生给予的关注和支持最少。造成这种现象的原因是，成绩好的学生知识储备相对多，基础弱的学生知识储备较少，在课堂上，若老师提出问题，成绩好的学生能够在较快的时间内找到答案，并且大胆地回答，与教师交流，成绩不好的学生由于缺乏自信也不敢当众提问，这样，教师就会根据回答问题的学生的思维而交流，对这部分学生的回答情况做出回应，这种教学只是回应了一部分学生的需要，而不是全班学生的需求。教师若仅仅根据少数学生的回答而对教学做出判断，这就造成了教师的教学只是满足了成绩排名前1/3学生的需求，并不能判断整个班级学生对知识的理解状态。为了满足学生的需求，还需要听取更多学生的意见，当然也不能只是验证答案的对错，必须要了解他们的真实想法，那么。组织分组课堂讨论，成为了解大部分学生学习状况的最佳途径之一。苏格拉底在教学生学习某种概念时，不是把这种概念直接告诉学生，而是先向学生提出问题，让学生回答，学生回答错了，他也不直接纠正，而是提出另外的问题，引导学生思考，从而一步一步得出正确的结论。

组织学生开展讨论要注意：

**1. 是关于问题的本身**

（1）讨论的问题应是教学的重点问题，或者是难点，或者是学生容易混淆的问题，也即学生的迷思问题。

（2）组织学生讨论的问题应该有利于促进学生对知识的建构。

（3）讨论的问题应有利于促进学生高阶思维的发展，而不是简单的知识的重复。

**2. 讨论的过程要突出学生的主体性**

（1）突出要讨论的具体问题，将问题写在黑板上或在投影仪和幻灯片上面展示，以让学生的注意力集中于问题，避免学生注意力转移和分散。

（2）让学生解释是如何得出答案的，这样，不仅让教师检视学生的思维过程，也发现学生对知识的理解，同时，也让其他学生对照自己的思维与应答者考虑问题的思维角度和方法之间的差异性和相似性。

（3）引发和探究迷思概念。通过讨论，及时发现学生在学习过程中的障碍点，以便教师调整教学内容和方法。

（4）帮助学生深入思考迷思概念，从而得出正确答案。

通常，在组织学生讨论的时候，教师不要告诉学生正确答案，而是让他们犹豫不决。教师也不希望学生只知道正确的答案是什么，从而导致停止思考，而是要他们仔细考虑其中的推理过程。答错的学生需要明白他们错在哪里，答对的学生也要能够准确解释答对的原因。当学生对自己的正确答案充满信心时，他们就不在意教师的反馈了。很多时候，教师在讲解一些概念的时候，如果学生认为自己已经了解这个概念，他们就不会真正重视，也不会意识到所讲内容与他们已有的知识有所不同，他们只是因为提前思考过而变得更加自信。最严重的是，有的学生提前到机构参加学习，对新知识新概念听了一遍，回到课堂后，当老师在讲解到相关概念时，这些学生就以为自己懂了，往往对教师的讲解无视，导致错过了关键的环节，错过了提升深层思考的机会，这种学生往往学习成绩都不是很好，但他们又表现得很自信，这种自信与学习成绩之间并没有直接的正相关。

当学生选完答案仍然不知道是否正确时，他们就会更用心思考。让学生对问题的解答处于模糊不清的状态似乎能够帮助学生记住正确答案，但这种方式似乎也会增加相关认知负荷。为此，教师可以采取以下措施：1.在学生自己通过推理得出答案之前，不要急于告诉学生答案是什么。很多年轻老师在这一点上与专家教师之间在这点上的差距很容易体现出来，有经验的老师往往不急于告诉学生，给学生思考的"空间"，让他们想尽办法去思考，就像对待学走路的婴儿一样，让他们"充分"地从爬行，到站起来，到迈开第一步，即使摔倒了也不急于马上去扶起"他"，婴儿慢慢地越走越大胆，越走越稳。2.拿捏好"提示"，防止出现细微的暗示和面部表情。比如，学生回答错误时，你不要皱眉头，也不会说"不全对"这样的评论。相反，无论学生回答正确与否，你都报以微笑，一本正经地询问："还有什么想法吗？"只有保持正常的教学状态，学生才不会养成猜教师答案的习惯。我们在教学中发现，学生在回答问题时往往根据老师的表情变化来猜测正确的答案，当他们学会猜答案的时候，他们的思考就不在于问题的本身，而在于教师的身上。3.保持热情和信心。教师对学生的想法和回答应该保持很感兴趣，并试图倾听他们的解释，从学生的答案中学习，而不仅仅为了评价或者正确解答。耐心的倾听，是给学生充分的信任和足够的支持，学生会从教师倾听的表情中获得学习的信心，不会因为担心答错受到老师的批评，也不会担心答错而被同学取笑，回答问题的学生就能在心态平静的状态下唤起对知识的回忆，联系起学习的知识，寻找到正确的答案，从而发现知识内在的结构和联系。

课堂小测是教学评价的另一个重要形式。通常我们的课堂教学40分钟中安排3~4个教学环节，每一个教学环节中包括"教—学—评"，每一个教学环节务必达成一个教学目标，而要监测教学目标的达成情况就必须及时进行教学评价，而不是把所有的教学任务都完成了才进行小结评价，这样往往导致现象掩盖了问题。很多时候教师在提问学生时，常常问"对不对""是不是"，学生则用"对"和"是"等来回应老师，这种只是回答"对"或"是"往往掩盖学生存在的问题，学生的回答只是说明了他们记住了知识表层次的陈述性知识，而对于知识原理的原因、知识之间的本质联系却并未涉及，更没有深层次的思维难度。因此，小测不能安排在即将下课前的5分钟，而是贯穿于教学的各个环节之中，这样让教师及时发现学生在学习中存在的问题，并及时进行补救。比如，检查学生是否理解好样例。当讲完一个专题知识，用来测试学生的学习效果。在课程评价系统中，最简单的方式就是让学生有机会练习、冒险，失败后可以得到教师的指导，然后再尝试，而这一过程并不会影响到他们在总体考评中的分数。我曾经提出，你在考试中将要考查他们哪些技能，就应该在平时的课程中给他们机会练习这些技能，让学生不断通过尝试和失败来得到提高，这样的机会可以促使他们形成成长型思维模式。

一节课学习完之后，要对学习的内容进行小结，目的是对学习的内容进行回顾，更主要的是把新学习的知识与已有的知识形成结构化知识体系，形成新的知识经验，为进一步学习新知识积累知识储备。

在学生学习了二氧化硫的化学性质后，为了让学生及时巩固新知、丰富已知，以拓宽知识厚度，教师先让学生自主思考，归纳二氧化硫与其他含硫物质之间的相互转化关系，并说出归纳的依据。学生经过思考后，归纳了两种转化关系图。第一种情况（如图3-5-1）：

$$S \longrightarrow SO_2 \longrightarrow H_2SO_3 \longrightarrow Na_2SO_3$$

图3-5-1

第二种情况（如图3-5-2）：

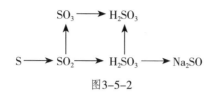

图3-5-2

接着，教师组织学生对两种情况进行评价。对于第一种转化关系，学生从物质分类的角度，根据"单质—氧化物—酸—盐"列出了含硫物质的转化关系，这种转化关系简单、单向；第二种转化关系比第一种情况综合和丰富，在横向上体现了物质分类，在纵向上体现了氧化还原反应的思维，但在同类物质之间缺乏拓展，不同物质之间缺乏联系。为此，教师趁热打铁，让学生根据图3-5-2的关系，从"物质分类""氧化性和还原性"的角度，把二氧化硫的化学性质和其他含硫物质的转化关系归纳出来。在老师的启发下，学生又展开讨论和相互评价，最后归纳出含硫物质的"价—类二维图"（如图3-5-3）。

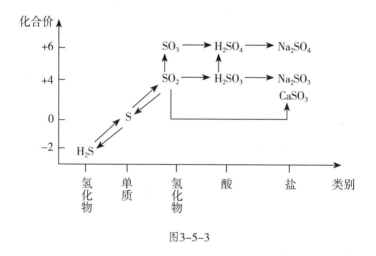

图3-5-3

通过教学评价，激活学生已有知识，通过比较知识之间的本质特点，把"零散"知识"串联"起来，自主构建起结构化知识体系，巩固新知，拓宽已知，丰富经验，减轻记忆负担，加深学生对"新"知识的理解，并且比较稳固地记住元素化合物的性质，更重要的是，为掌握元素化合物提供一般的思维模式，发展学生化学核心素养。

### （三）关于课后评价

课后评价主要是课后的作业和课外实践调查。作业是课堂教学的延伸，是教学的重要环节。通过课后作业，教师能发现学生对课堂教学知识的掌握程度，同时帮助学生巩固新旧知识，发展提高知识的应用能力。教师要认真批改学生的作业，对于作业中存在的问题要及时给学生反馈和辅导，使学生存在的问题得到及时的改正。对于好的作业，教师要进行展示，点评好在哪里，究竟是作业的书写好还是书写的格式好，是解题的方法好还是思考的角度好，是作业的文字表达好还是有创新点好。这样，让好的方法得到鼓励，让不足的作业得到改正，确保学生不仅知道答案，还要清楚如何去思考，如何去表达。

## 三、学习思维的评价

教学的核心是要改变学生的思想，包括他们知道什么、相信什么以及如何思考。在某种程度上，如果想改变学生，教师就不断地解读学生的思维活动，比如他们的注意力集中了吗？他们理解了什么或者不理解什么，他们到底是怎么想的？如果不知道学生的思维活动、学习技能和态度发生了什么变化，你就不能真正知道自己的教学效果如何。通过对学生学习思维的评价，促进学生学习方式转变。

例如，在学习二氧化硫的性质时，教师不是将二氧化硫的性质直接呈现出来告诉学生，而是通过创设一组实验情境，把二氧化硫气体通入下列的溶液中，让学生根据实验现象去分析二氧化硫的性质，并学会用化学方程式或离子方程式来表示实验现象（如图3-5-4）。

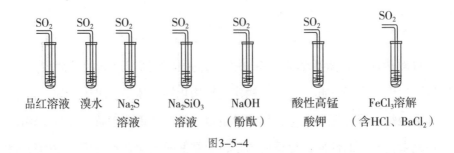

图3-5-4

"百闻不如一见，百见不如一干。"根据人的认知规律与心理特征，只有亲身实践而获得的知识才容易理解，经常实践知识才稳固地内化为能力。由于教材知识具有"平面""直观"和"零散"的特点，在教学时，教师将教材的陈述性、概念性、零散性知识，设计为探究性问题，让学生自主去探究，了解有关知识的来龙去脉、前因后果，发现知识之间的内在联系，实现"做中学""悟中学"，拓展认识，加深理解，教师则根据学生的学习表现，组织学生开展评价，从而激发已知，发现新知，探究未知，促进学习方式的转变。

教学评价是课堂教学文化的重要组成，没有评价就没有教学，或者说没有评价的教学就如无源之水、无本之木，教学评价贯穿于教学的全过程。课前，教师通过教学评价来制定清晰的教学目标；课中，通过评价，可以检查教师的教是否符合学生的学，教的内容是否符合教学目标的要求，通过教学评价反馈可以促进真实学习的发生，思维的发展，通过评价，建立起和谐的课堂教学关系，良好的关系是促进自主学习能力发生的重要因素，让学生在评价中学会开展合作、对话、探究，培养自主学习能力。课后，通过教学评价促进学生对化学学科的学习持续保持兴趣，不断思考生活中的化学问题，培养深度思维，增强学习态度和责任感。

现以人教版九年级"酸和碱的中和反应（第一课时）"的教学设计为例。

## 酸和碱的中和反应（第一课时）

### 一、教学目标

（1）通过实验活动（设计和验证），认识酸和碱之间发生的中和反应，学会运用指示剂判断反应的发生，培养实验观，训练科学探究的方法；

（2）通过从微观粒子角度分析中和反应原理，知道中和反应的实质是$H^+$和$OH^-$结合生成$H_2O$，并会正确书写中和反应的化学方程式，培养宏观—微观—符号三重表征的科学思维方法；

（3）了解酸碱中和反应在实际生活中应用的实例，能用化学方程式表达其中的一些反应原理，体会化学学科对于改善个人生活和促进社会发展的价值。

二、学情分析

对于"酸和碱的中和反应"，学生的知识基础来自于本单元课题1的学习。在课题1中学生已经比较系统地认识了两种酸（盐酸和硫酸）、两种碱（氢氧化钠和氢氧化钙）的组成和性质，并能用指示剂进行区分，还从微观粒子的角度分别对酸和碱的水溶液进行了初步分析，从而理解了"不同的酸具有相似的性质""不同的碱也有相似性质"的本质原因。

学生在学习本课题时可能会遇到的问题主要有两个：一是很多中和反应看不到明显现象，怎么用有明显现象的实验证明中和反应发生了？二是中和反应为什么发生？

通过本课题的学习，可以从离子角度初步理解中和反应发生的原理，为高中化学中学习酸、碱性氧化物、酸式盐与碱、碱性氧化物等物质的性质以及"离子反应"打下良好的基础。

三、教学亮点

（1）通过问题揭示矛盾，引发学生的质疑辨析，变被动接受为主动探究。

（2）注重将宏观的化学反应、微观实质和化学方程式相结合的方式理解中和反应（如图3-5-5），建立三重表征的学习思维，突破重难点。

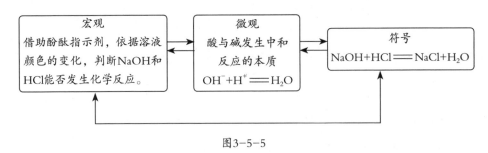

图3-5-5

（3）紧密联系实际生活，让学生体验化学来源于生活又服务于生活，体现化学学科价值。

四、教学环节确定

根据教学确定的教学目标要求，以及学生已有的知识经验和能力基础，我们对教学的内容确定了三个教学环节，每个教学环节拟达成教学目标。

环节一：酸碱能否发生化学反应？
1.生活引入：斯达舒的成分和作用
2.设计有明显现象的实验并验证NaOH与HCl能发生反应

环节二：酸碱中和反应的实质
以NaOH和HCl为例，画出反应前后的微粒，分析得出中和反应的本质

环节三：中和反应在生活中的应用
了解中和反应的应用并写出相关方程式

图3-5-6

## 五、教学过程

环节一，酸和碱能否发生化学反应

| 教师活动 | 学生活动 | 设计意图 |
|---|---|---|
| 一、生活引入<br>【展示和投影】斯达舒的作用和成分<br>【提问】<br>1.从中你能获得什么信息？<br>2.酸和碱能发生化学反应吗？ | 认真阅读斯达舒的作用和成分，回忆所学知识，思考可能的原理<br>【个别回答】斯达舒主要成分是氢氧化铝，胃酸中主要成分有盐酸，说明氢氧化铝能和盐酸反应 | 联系生活，增强学生的兴趣，体会化学来源于生活又服务于生活 |
| 二、实验活动（设计与验证）<br>【实验】将稀盐酸滴加到NaOH溶液中，观察现象<br>【提问】无明显现象说明没有发生反应吗？如何验证你的猜想？<br>【展示学生的实验方案】<br>【演示实验】课本60页实验10-8<br>【归纳】对于无明显现象的酸碱反应，通常可以借助指示剂来判断反应的发生。<br>【提问】<br>1.请试着写出氢氧化钠和盐酸反应的化学方程式。<br>2.从物质类别的角度归纳这些反应的共同点。<br>【板书和小结】酸和碱生成盐和水的反应叫作中和反应 | 【回答】无明显现象<br><br>讨论交流、完成学案上实验设计中步骤、预期现象和结论的书写<br>【相互评价实验方案】<br>观察演示实验，记录实验现象，得出结论：酸和碱能发生反应。<br>在学案上写出氢氧化钠和盐酸反应的化学方程式：<br>$NaOH+HCl=NaCl+H_2O$<br>【回答】酸和碱反应生成盐和水<br><br>在课本上画出中和反应的定义 | 提出问题揭示矛盾，让学生化被动接受为主动探究<br><br><br>将看不见的现象，转化成了能够看得见或者能够感受到的现象，帮助学生形成化隐性为显性的重要思想 |

环节二，酸和碱发生怎样的反应（中和反应的实质）

| 教师活动 | 学生活动 | 设计意图 |
|---|---|---|
| 【提问】那么，酸碱中和反应的实质是什么？请你以氢氧化钠和盐酸反应为例，画出反应前后的微粒，并分析得出结论<br><br>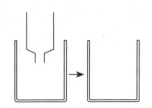<br><br>【板书】<br>中和反应的实质：$H^+ + OH^- = H_2O$<br>【引导】<br>氢离子和氢氧根离子参与反应的粒子个数比是1∶1，因此在中和反应的配平时，即有几个氢氧根离子就需要配几个氢离子。<br>【课堂反馈】写出下列化学方程式<br>氢氧化钙和稀盐酸、氢氧化钠和稀硫酸、氢氧化铝和硝酸反应<br>【能力提升】2020年广州中考题改编 | 在学案上画出氢氧化钠和盐酸反应前后烧杯中的微粒，思考中和反应的实质<br><br>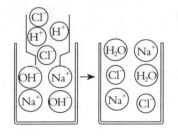<br><br>【个别回答】反应前氢氧化钠在溶液中解离出氢氧根离子和钠离子，盐酸解离出氢离子和氯离子，反应后生成水和氯化钠，在溶液中解离出钠离子和氯离子，水以分子形式存在。反应前后都有钠离子和氯离子，说明没有参与反应，可画去。则中和反应的实质是氢离子和氢氧根离子结合生成水分子<br>【完成练习、个别回答】 | 通过实验验证和书写化学方程式，引导学生从微观角度分析中和反应的原理，帮助学生建立"宏观—微观—符号"三重表征的学习思维 |

环节三，中和反应在实际生活中的应用

| 教师活动 | 学生活动 | 设计意图 |
|---|---|---|
| 利用中和反应，可以解决我们生活中的哪些问题？<br>【投影】<br>农业上：用熟石灰改良酸性土壤<br>工业上：污水处理<br>医药：治疗胃酸过多<br>日常生活：蚊虫叮咬后止痒 | 认真听讲，完成学案内容，写出中和反应在实际应用中相关的化学方程式，体会化学与实际生活生产的联系。 | 引导回归生活，利用中和反应解决生活问题，体会化学学科的价值 |

| 教师活动 | 学生活动 | 设计意图 |
|---|---|---|
| 【视野拓展】<br>为什么农业和工业上选用熟石灰更多而不是氢氧化钠?<br>(提供熟石灰和氢氧化钠价格对比图)<br>【课堂反馈】根据查阅资料完成表格 | 回忆本节课的知识内容,阅读资料,完成表格中各反应的现象描述和化学方程式的书写 | 根据题目资料完成相应练习,培养学生提取有效信息的能力,巩固并反馈学生本节课所学知识内容 |

### 六、教学反思

以上教学设计,并不像传统的教学设计中把教学的重点和难点独立地进行表述,而是把教学的重难点融入于教学目标当中,因为既然已经确定了要达成的教学目标,就已经明确地要求通过具体的手段和方法来帮助学生突破教学的重难点。同时,每一个教学目标通过一个教学环节来落实,教学环节中有目标、有内容和评价,充分体现了教、学、评的一致性,及时的评价反馈能让教师及时发现学生在学习过程中存在什么问题,也让学生清楚地发现自己在学习了一个知识之后是否真正地掌握了关键知识,通过评价促进学生能力的发展,通过评价及时调整教学难度、方法,而不是把所有的知识教完了之后,再用几分钟的时间进行课堂小结,小结完之后再进行练习,很多时候,学生还没来得及练习时,下课铃就响了。特别是,每一个教学环节中都含有真实教学情境,这样既可以让学生很好地从情境过渡到知识本身,激发学习兴趣,也可以让学生在真实情境中及时去调动和联系已有的先验知识,实现新旧知识的联系,把新知识很好地融入已有的知识体系,构建起新的知识网络,丰富学生的知识经验,促进能力发展,让学生养成自主学习新知识的习惯。

# 第四篇

# 教学实践探索

　　学习是学生最重要的活动，是他们获得知识经验、观念方法、情感体验、方法技能和行为倾向不断变化的过程。学生的学习活动是需要在教师的指导下，有具体目的的实践活动过程。基于化学学科核心素养的教学有两个关键词，一是真实问题情境，二是解决问题能力。真实问题情境是进行教学活动的基本要求，没有真实情境而进行的知识教学，知识将是"苍白"的、空洞的、枯燥的，学生在这种"无味"的知识教学环境中，慢慢会失去对知识的兴趣，严重的将产生厌学。知识在情境中，不仅让知识充满"生命力"，也激发学生探求知识的欲望。陶行知先生倡导"做中学"，其意思就是创设真实的问题情境，让学生在真实的问题和任务中去提高技能，发展能力，培养学以致用的素养。陶行知先生曾说："比如说种田这件事是要在田里做的，便须在田里学，在田里教。游泳也如此，游水是在水里做的事，便须在水里学，在水里教。再进一步说，关于种稻的讲解，不是为了讲解而讲解，乃是为种稻而讲解。关于种稻的看书，不是为了看书而看书，乃是为了种稻而看书；想把种稻教得好，要讲什么话就讲什么话，要看什么书就看什么书。我们不能说种稻是做，看书是学，讲解是教。为种稻而讲解，讲解也是做，为种稻而看书，看书也是做。这是种稻的教学做合一。"

　　化学教育，不仅是为了让学生掌握化学知识，了解物质的组成、性质和变化过程，更是培养学生化学素养和科学方法的重要途径。要培养学生的化学素养，教师需要转变教学行为，既要传授化学知识，也要帮助学生掌握学习化学的方法，让学生通过学习化学的方法迁移到其他学科的学习，更是让学生在化学学习过程中形成积极的学习体验，培养积极的心理体验和社会责任。只有教师改变，课堂才能改变；课堂改变，学生才能改变；学生改变，教育才能改变。撬动课堂改变，才能提高化学课堂教学质量。

# 第一章　初中化学教学中培养学生科学
# 方法的理论与实施途径

科学方法是指人们从事科学研究的活动中所采用的途径、手段和方式，是人类认识世界和改造世界的强大武器。科学方法的教育是培养学生科学素养和能力的重要途径。科学方法是学生获得化学知识的主要手段和重要工具。在化学学习中，获得感性认识必须借助于观察和实验的方法；获得化学概念和理论，要用到科学抽象、假设、模型和数据处理的方法，也用到比较、分类、综合、归纳、演绎、推理、类比等逻辑方法。

## 一、分析现状

分析近几年广州市的中考试题，我们发现命题淡化概念的单纯记忆、弱化计算的格式，而更强调重视基础、重视实验，注重学以致用，注重能力，尤其是实验探究能力的考查，加强对学生获取、加工、应用信息能力的考查。例如，2005年的中考试题，第27题考查了比较的科学方法及学生的发散思维和分析推理能力，第29题考查学生运用对比的科学方法对实验探究方案进行评价和设计实验探究方案的能力，第30题考查学生的实验设计和文字表达能力，第31题考查了比较、归纳的科学方法和文字表达能力等。这些试题的设置体现了新课程的理念，也体现了对学生进行学习方法指导的重要性。同时，给我们的启示就是在教学过程中要重视科学方法教育。

然而，在实际的教学工作中，教师往往重视的是化学知识的教学，而忽视了对学生进行化学学科方法的教育。老师们普遍认为，重视知识就是重视知识点，而重视知识点就是抠住细节，很少考虑知识细节即实体性知识之上的东西，如知识的来龙去脉，以及知识形成过程中所体现出来的学科方法和学科思想等科学方法的培养。例如，老师关注氧气跟木炭反应的具体现象的规范表述，却忽视让学生了解为什么要学习氧气跟木炭的反应，忽视引导学生如何利用化学变化认识物质的化学性质，忽视启发学生体会同样一个反应既可以表示氧气的化学性质，也可以表示木炭易于燃烧的性质。又如老师重视对具体实验操作细节的规范训练，但不注意引导学生体会如何运用实验认识物质的性质和变化。其实，无论是事实性知识、理论性知识、策略性知识都有实体性知识和方法性知识的区分。我们的教学不是不需要实体性知识，而是应该始终明确传授实体性知识要服务于方法的建构。而且方法性知识能够使学生学会运用化学学科的观点、思路和方法去认识物质及其变化，去分析问题和解决问题。

## 二、提出问题

著名化学家戴安邦教授指出："只重传授化学知识和技术是片面的化学教育。全面的化学教育要求化学教学既传授知识和技术，更训练科学方法和思维，还培养科学精神和品德。"这段话指出了化学教学的正确方向。

那么，初中化学教学中要培养学生掌握哪几种科学方法呢？

化学是一门自然科学，处处体现着自然科学的方法论。所以在化学教学中应以科学的方法论为指导，培养学生观察、实验、分析、对比、概括、假设论证、抽象和逻辑推理等思维方法。

但是，化学学科方法作为一种科学方法，并不是通过化学知识的内容来直接表达，它往往具有隐藏性。它的这种隐藏性表现在教材是以知识内容的体系来表述的，而方法则以分散的形式隐藏在知识的表述之中，所以掌握科学方法往往比知识学习要困难些。因此，在教学中要注意挖掘教材中的方法因素，把教给学生的方法提高到与知识教学同等重要的地位来对待。那么，如何才能使学生在学习化学知识的同时掌握科学方法呢？

## 三、解决问题

### （一）转变观念，增强科学方法的教学目标意识

新的课程标准明确提出"知识与技能""过程与方法""情感态度与价值观"三维目标。而我们过去的教学中，比较注重知识的目标达成度而轻过程和方法，这显然不利于发展学生的学科素养。例如，2005年广州市中考第29题，具有很强的导向性：在平时的教学中要加强科学方法教育，提高学生比较、分类、归纳、概括、评价、反思等科学素养。在我们的课堂教学中，要把学科方法和学科思想列入教学目标中去，当作教学中必须完成的一项任务，在教学中不断渗透和提高。"为学生学习而教"是教育核心理念，这就决定了教学的目标不是教师教什么，有没有教完教学内容，而是学生通过教师的教学学到了什么，即是否掌握了教学内容，学习是否得到了进步和发展，能力是否得到了提高。因此，在今后的教学中我们要加强科学方法教育的目标意识。

### （二）循序渐进，分阶段进行合适的科学方法教育

初中阶段，学生的认识心理特点倾向于直接的形象思维，习惯于从整体上观察认识事物。因此在教学组织中要注意符合学生的生理、心理发展顺序以及认知规律，做到由浅入深，循序渐进，分阶段进行合适的科学方法教育。建议分以下三个阶段进行：第一阶段（第一至三单元的学习期）：从宏观角度，引导学生初步认识与人类社会密切相关的空气、氧气、水以及其他几种常见的和重要的元素、化合物、体验物质及其变化的多样性。这个阶段主要培养学生基本的实验操作步骤，实验观察、实验记录和简单分析能力，通过观察、探索或验证，使学生形成生动的感性认识，增强对化学学科的兴趣。第二阶段（第四单元以后的学习期）：引导学生逐步深入微观领域，认识原子、分子，初步在微观层次上认识事物变化，初步了解物质及其变化的简单分类、物质反应的

规律等。这个阶段主要培养学生从图表、模型、实验等获取信息进行思考、对比、分析、概括、推理等抽象思维方法，把前面对知识的感性认识经过思考、分析、综合上升到理性认识，培养学生用"化学"的眼睛看世界的学科素养。

第三阶段（复习、巩固时期）：引导学生编织知识网络，并能运用理论知识解决实际问题，培养学生综合运用多种科学方法分析、解决社会生活的化学问题的能力，强化学生的学科思维和方法。

### （三）结合教学内容，挖掘科学方法教育因素

#### 1. 结合化学基本概念、理论进行化学学科方法教育

化学概念和理论都是根据大量的化学实验现象和化学事实，通过归纳、分析、比较、抽象、概括而形成的。实际上每一个概念和理论的形成必然包含科学方法的因素。因此，化学基本概念和理论的教学，是对学生进行化学学科方法教育的重要途径之一。例如，通过对质量守恒定律的教学，可以使学生明了"定量"研究化学的方法；通过对元素周期律的教学，可以使学生掌握用理论指导元素及化合物知识的学习方法。所以教师必须有意识地结合化学基本概念和理论的教学，对学生进行化学学科方法的教育，使学生在学习化学概念和理论的过程中逐步学会化学学科的学习方法，形成终身学习的意识和能力，能应用这些方法去获取新的化学知识，解决化学问题，以适应社会发展的需要。

#### 2. 通过化学实验教学进行化学学科方法教育

科学探究要求学生在"做科学"中学习科学，教师要尽可能把学生置身于真实的问题情境，去发现问题、提出问题：体验事物的变化过程、条件和结果，体验这些变化对人们的生产、生活的影响。化学实验是进行科学探究的主要方式，它的功能是其他教学手段所无法替代的。要进一步明确以实验为基础是化学教学观的核心思想，增强学生的主体意识和主动参与意识，从《标准》提出的建议着手，考虑给学生更多的动手实验的机会，如变演示实验为学生实验、增加探索性实验，适当增加学生设计实验、上实验习题课等方式，让学生以浓厚的兴趣和饱满的学习热情参与实验活动。还要发挥教师的指导作用，搞

好组织引导，重视按科学方法指导设计方案、大胆猜想、搜集证据、实验操作、归纳提炼、形成结论等，强调知识形成的过程性和学生的体验感。例如上册课本P35，通过讨论，先引导学生进行对比，从而归纳出化合反应和氧化反应。上册课本P114，通过四个对比实验，探究二氧化碳与水的反应。上册课本P124，通过图7-4与图7-5的对比实验，探究燃烧条件。学生通过这样的探究活动，在获得知识的同时更重要地学会对比分析的科学方法，认识科学本质，培养科学精神和科学价值观。

### 3. 利用化学史进行化学学科方法的教育

化学史教学是中学化学教学的重要组成部分，也是对学生进行化学学科方法教育的重要途径之一。我国化学家傅鹰教授曾说："化学给人以知识，而化学史给人以智慧。"化学史中蕴含着丰富的学科方法。通过化学史的教育，不仅可以了解化学知识的产生、发展过程，而且学会化学家在研究化学问题时所采取的科学思想和学科方法，体验科学家们的科学态度和科学精神。

例如，拉瓦锡用定量研究的方法得出空气是由氮气和氧气组成的结论；此外，他还不受错误观念的影响，通过正反两个实验分析、归纳、揭示了水的组成的奥秘；俄国化学家门捷列夫摆脱经验性研究的束缚，创造性地运用"分类法"发现元素周期律，为化学的发展做出重大贡献。因此，化学史的教育不失为对学生进行化学学科方法教育的一条有效途径。通过化学史的教学，可以使学生学到化学科学理论的发现、化学科学研究的基本方法，还能使学生感知到离开了实验就没有发现，细致的观察是成功的基础，实验手段的不断进步是化学发展的关键，教师要善于结合教学内容向学生介绍化学史上科学家研究化学的科学思想和研究方法，有意识地对学生进行化学学科方法教育。

### 4. 在习题教学中对学生进行化学学科方法教育

习题教学是化学教学过程中不可或缺的重要环节。学生解决化学问题的过程实际上就是应用化学学科方法的过程。因此，教师要科学用题、选题，把化学学科方法教育落实到习题教学过程中。

例题：下面是某科研小组对"蜡烛燃烧前后各物质质量之和会发生变化吗？"的问题进行实验探究的例子，他给出了实验探究的一般步骤。

（1）假设。

① 会发生变化。 ② 不会发生变化。

（2）收集、整理资料。

① 蜡烛燃烧需要氧气，生成$CO_2$和$H_2O$。

② $O_2$、$CO_2$等为气体。

③ 由（1）、（2）可知实验必须在密闭容器中进行。

（3）设计并进行实验。

① 将一支蜡烛放在集气瓶中，塞上塞子，称其质量为$W_1$g。

② 将蜡烛点燃，立即塞上塞子。

③ 待蜡烛熄灭，集气瓶冷却，再称其质量为$W_2$g。

（4）分析现象，得出结论。

① 如果$W_1 = W_2$，则蜡烛燃烧前后物质的质量之和不变。

② 如果$W_1 \neq W_2$，则蜡烛燃烧前后物质的质量之和发生变化。

请模拟上例，对"液化石油气里含氢元素"的问题进行实验探究。

友情提示：本题的知识考查是重点了解科学探究活动的两大要素。

要素一：猜想与假设，学生根据内化的化学知识和日渐丰富的经验，对"液化石油气里含氢元素"的问题，合理猜想，提出假设。

要素二：收集证据可以采取三种途径。

途径一：即时温习，回忆课本基础知识，认识到化学反应前后元素种类不变。

途径二：通过查阅资料，了解到质量守恒定律发现的化学史实是探究问题的理论实证和基石。

途径三：实验探究与交流表达，根据猜想，结合定量分析的实验方法，设计出探究过程，经过讨论分析、结论应用，从而得出结论。

（解答）

（1）假设：①含氢元素；②不含氢元素。

（2）收集、整理资料。

①液化石油气可以在空气（$O_2$）中燃烧。

②化学反应前后元素的种类不变。

③氧气（空气）中不含氢元素，而水中含有氢元素。

（3）设计并进行实验：点燃液化石油气，将干冷的玻璃杯罩在火焰上方，观察玻璃杯内是否有水珠产生。

（4）分析现象，得出结论。

①如有水珠产生，说明液化石油气含氢元素。

②如无水珠产生，说明液化石油气中不含氢元素。

本题除了考查科学探究的知识与技能外，还考查质量守恒的思想。"质量守恒定律"是初中化学课程的第一定律，灵活领悟和熟练运用"质量守恒定律"，将会对初中化学的学习过程起到夯实基础的启蒙作用，因此在平时的练习中要积极引导学生利用定量分析的研究方法，通过实验探究化学反应中物质之间量的关系，充分发挥学科的特色优势，研究和解决问题。

总之，现代化学教育的核心就是培养科学素养，在化学教育中不但要加强化学双基的传授，同时必须重视使学生感悟和学习贯彻在知识体系中的科学方法、科学态度。在初中化学教学中培养学生科学方法的途径很多，绪言课、每节课的探究、讨论和小结以及作业讲评、课后辅导等，都是进行学习方法指导的重要时机，教师只要明确目标和任务，善于挖掘教材中的方法素材，合理组织教材，设计教法，就能使学生在学习化学知识的过程中受到化学学科方法的教育，全面提高化学学科的教育水平。

# 第二章　初中化学课堂中培养学生
# 核心素养的实践与思考

## ——以"水的组成"（第一课时）为例

## 一、现状分析

随着课改的不断深入，国家和教育工作者以及社会各界越来越关注学生终身发展的核心素养。2015年11月，教育部组织了一次"核心素养如何转化为学生素质"的沙龙，专家们指出，核心素养是在三维目标基础上提出的，是对三维目标的发展和深化。2016年9月，《中国学生发展核心素养》研究成果公布，自此，以"全面发展的人"为核心的核心素养体系成为了教育的热点。

初中化学教学必须以学生的发展为本，既要为学生今天的学习服务，又要为学生明天的可持续发展奠定基础。因此，初中化学的主要教学任务不仅仅是"中考"，而应该是启蒙、基础和发展。初中教学，应把培育学生终身发展和社会发展需要的必备品格和关键能力放在首位，应通过每节课、每个活动扎扎实实地落实核心素养。笔者于2016年10月25日为跟岗学员上了一节"水的组成"（人教版第四单元课题3）示范课，由于注重培养学生的素养，教学效果良好，深受学生和听课同行的好评，以该课为例，谈谈本人的实践与思考。

## 二、初中化学课堂中培养学生核心素养的教学实践

（1）通过化学史引入，体会科学家们在研究过程中的求知精神，渗透学科思想方法。培育学生理性思维、批判质疑、勇于探究的科学精神。

【引入】在第二单元中，我们学习了空气的组成，今天我们学习另一种身边最常见的物质的组成——水的组成。18世纪末，英国科学家普利斯特里和英国科学家卡文迪许做实验，确认产物液滴是水。

这两个实验本来已经揭示出水不是一种元素，可惜两位科学家受当时错误观念的束缚，误认为两种气体里都含有水。一年后，拉瓦锡做了一个相反的实验，分解水。得出了"水不是一种元素"的结论。今天我们沿着科学家的足迹，一起来探索水的组成。首先，我们从氢气的燃烧开始探究。

（2）通过模拟氢气的燃烧生成水的实验，为后续实验做铺垫，初步培养学生透过现象分析事实、得出本质的能力。

【演示】排水法制取氢气。

【讲述】这是一套制备氢气的装置，请同学们根据氢气的收集及放置方法，总结氢气的物理性质。

根据氢气燃烧的现象，讨论以下问题：

（1）实验中有无新物质生成？估计是什么物质？你的依据是什么？

（2）发生了什么变化？

【学生讨论并回答】实验中有新物质生成。该物质是水，因为烧杯内壁有水珠。发生了化学变化。

【设问】你能写出该反应的文字表达式吗？

【学生】根据该反应中反应物、生成物和反应条件写出反应的文字表达式。

【板书】一、水的生成（氢气的燃烧）

$$氢气 + 氧气 \xrightarrow{\text{点燃}} 水$$

【讲述】该实验为揭秘水的组成奠定了基础。一年后拉瓦锡做了一个相反的实验，分解水，并得出了正确的结论。

（3）通过水的电解实验，学习对实验进行有序观察、规范描述和记录实验现象的方法。分析实验现象，进一步体会现象与结论之间的关系。提高实验表达和分析归纳能力，培养学生适应未来社会的科学素养。

【探究实验】电解水实验。

【讲述】这是一套电解水的装置，两个玻璃管分别连接电源的正负极，玻璃管里装满水，由于电解水需要一定时间，我们先接通电源，再阅读课本P80的实验探究2min，明确本次实验目的以及需要记录的现象。

【学生】阅读课本P80的实验探究，明确实验目的和需要记录的现象。

【提问】本次实验的目的是什么？

【学生】研究水的组成。

【引导】请观察实验过程中两个电极附近和玻璃管内的现象（提示：根据实验现象的发生顺序，先关注气体的产生，再看玻璃管内液面的情况，最后判断气体聚集的体积多少），并在课本P80记录实验现象。

【展示】PPT展示实验表格并提示观察时关注的角度。

表4-2-1

|  | 两电极 | 正极端的玻璃管 | 负极端的玻璃管 |
|---|---|---|---|
| 现象 |  |  |  |
| 比较两玻璃管中现象差异 |  |  |  |

由于后面的学生看不清两电极中产生气泡的现象，教师用摄像头录像，同步播放。

【学生】观察、记录现象并回答。

【讨论1】上述实验中生成了几种新物质（经检验，剩下的液体仍然是水）？是否发生了分解反应？请写出文字表达式。

【板书】二、水的分解（电解水）。

水氢气+氧气

【讨论2】分析水的生成和分解实验，哪些现象能说明水不是只由一种元素组成的？

【学生】氢气在氧气中燃烧生成小液滴、水通电生成两种不同的气体，这些现象都可以说明水不止是由一种元素组成。

【讨论3】根据以上实验现象和事实，你能得出水是由什么元素组成的吗？

【学生】（PPT展示分析。）

表4-2-2

| | 现象 | 事实 | | 结论 |
|---|---|---|---|---|
| 水的生成 | 氢气在空气中燃烧，烧杯内壁有水雾产生 | 产生了水 | 氢气+氧气 $\xrightarrow{\text{点燃}}$ 水<br>$H_2$ 　　$O_2$ | 水是由氢元素和氧元素组成。 |
| 水的分解 | 使木条燃烧更旺，气体燃烧，淡蓝色火焰 | 产生氧气产生氢气 | 水 $\xrightarrow{\text{通电}}$ 氢气+氧气<br>　　$H_2$ 　　$O_2$ | 水是由氢元素和氧元素组成。 |

【总结】拉瓦锡由此得出结论：水不是一种元素，水是由氢元素和氧元素组成的。

（1）通过水的组成的研究，我们要学会从元素的角度去研究物质的组成，即物质是由什么元素组成的。

（2）研究物质的元素组成：现象→事实→分析→结论

（4）从微粒的角度解释水的电解反应，培养学生用微粒的观点去解释宏观现象的本质，进一步体会"原子是化学变化中的最小粒子"等观念。

【讲述】根据V（$O_2$）和V（$H_2$）的体积比1∶2，以及氧气和氢气的密度，计算得到，水可以表示为$H_2O$，即一个水分子由两个氢原子和一个氧原子构成。

【过渡】从宏观上看，水通电后生成了氢气和氧气，那微观上，构成水的水分子又会发生什么变化呢？

【展示】在黑板上用磁吸摆出水分子的模型。

【提问】水分子如何变成氢分子和氧分子？

【学生】水分子会分解成氢原子和氧原子，氢原子再重新组合成新的氢分子，氧原子重新组合成新的氧分子。

【提问】最后得到的氢分子和氧分子的个数比是多少？反映出哪种宏观现象？

【学生】氢分子和氧分子的个数比是2∶1。电解水实验中，氢气体积是氧气体积的两倍。

（5）通过课堂评价与反思，培养学生学会学习、实践创新的素养。

【评价与反思】

① 水是由氢元素和氧元素组成的。

② 研究物质的组成是从元素的角度去研究的，即物质是由什么元素组成的。

③ 研究物质的元素组成：现象→事实→分析→结论

【练习】

①（课本P82）

② 在电解水的实验中，两电极相连的玻璃管上方产生的气体是_____和_____，二者的体积比约为_____，这个实验证明了水_____。该反应的文字表达式为_____。

【课后实践】"学习与评价"P51–53。

## 三、初中化学课堂中培养学生核心素养的思考

（1）充分利用化学史，渗透科学思想和学科方法，培养科学精神。

化学史教学是中学化学教学的重要组成部分，也是对学生进行化学学科方法教育的重要途径之一。通过化学史的教育，不仅可以了解化学知识的产生、发展过程，而且学会化学家在研究化学问题时所采取的科学思想和学科方法，体验科学家们的科学态度和科学精神。

（2）积极创设真实的教学情境，培养学生观察现象、规范表达、分析事

实、解决问题、得出结论、技术应用的实践创新能力。

只有真实的教学场景，才能真正地激发学生的学习动机和创造性思维。本节教材并没有提到实验室制取氢气的方法，为了让学生身临其境，笔者在课堂上现场演示制取和检验氢气纯度的方法，且多次收集气体检验，直到纯净为止。点燃纯净氢气，请一位同学罩上干冷烧杯，并用手触摸，感受其温度的变化。至此，学生对氢气的性质和检验方法已印象深刻，无需老师刻意强调。电解水的实验时，为了让全班同学都能清晰地观察实验细节，我采用了同步拍摄、现场直播的方式，大家表现出非常强烈的探究欲望，当我要求推荐一位代表出来读玻璃管中气体的体积时，全班同学都要求上台观察，我毫不犹豫地同意了，同学们迅速围上来，里外三层，有序站好，按老师的引导有序观察、思考、小声讨论、发表意见。"表面上，课堂安静有序，而实际上学生思维活跃，积极投入，高潮迭起。"听课的老师忍不住拍下此情此景，并做了如是点评。在检验两电极生成的气体时，究竟是用带火星的木条还是燃着的木条？或者是一边用带火星的木条，一边用燃着的木条？学生从控制变量和条件选择两个角度展开了激烈的讨论和大胆的尝试，这是我课前始料不及的。

课堂教学是培养学生核心素养的主阵地，培养学生核心素养的初中化学课堂，无需刻意设计轰轰烈烈的讨论环节，也不必绞尽脑汁推陈出新，只要教师转变观念，把眼光从"关注知识点"转向"关注学生"，以生为本，充分利用史实，创设真实的教学情境，让学生亲身经历，主动探究，不断地发现问题，解决问题，长此以往，学生的核心素养必将得到发展和提高。

# 第三章　如何提高新课程背景下的
# 初中化学教学效果

## 一、初中化学教学的主要任务是什么

新的课程标准指出，初中化学教学必须以学生的发展为本，既要为学生今天的学习服务，又要为学生明天的可持续发展奠定基础。因此，我们要正视初中化学的教学任务，不能把"考纲"当作教学的最终目标，把"中考"当作完成教学的标志。教学要为学生的后继学习考虑，要着眼于学生未来的发展。初中化学教学的主要任务应该是启蒙教育、基础教育和发展教育。在完成义务教育阶段的教学任务的基础上向高一级中学输送合格的人才，为中学化学教学质量的提高打下坚实的、良好的基础。

## 二、当前初中化学教学中存在的主要问题是什么

绝大部分教师为了赶教学进度，重视结论教学而轻视过程教学，造成学生重学会，轻会学，学生的创新精神和创新能力难以培养。绝大部分学生为了完成课堂笔记而埋头苦干，成了老师讲授内容的复印机，反而错过了听、讲、讨论等参与教学同步思维的好机会，学习效果达不到预期目标。教学脱离社会生活实际，就书论书，教学内容枯燥无味，学生缺乏学习兴趣，教学效果不佳。

## 三、新课程背景下化学中考命题的新趋向是什么

命题在淡化概念、弱化计算、重视基础、重视实验的同时，注重学以致用，注重能力、尤其是实验探究能力的考查。加强对学生获取、加工、应用信息能力的考查。

## 四、几点教学建议

### 1. 重视知识与技能的整合，提高学生科学探究的能力

化学是以实验为基础的学科，化学实验是进行科学探究的重要方式。关注以实验为基础的探究，能吸引学生积极主动地提出问题、进行猜想与假设、拟订实验方案、进行实验、收集事实和证据、对实验现象进行解释、得出结论、反思与评价及表达与交流等，学生通过这样的探究活动，能有效地将知识与技能、过程与方法、情感态度与价值观整合起来，整体推进。

例如1：小刚要验证镁、铁的金属活动性顺序，他通过实验观察到镁与盐酸反应比铁与盐酸反应_____，说明_____。如果要验证铜与镁、铁的金属活动性顺序，还需补做的实验是_____。

［分析与启示］：

此题以学生参与实验、设计实验为线索，引导考生归纳和表达化学实验现象，考查考生借助实验现象分析得出结论的能力；引导学生为达到某一实验目的，如何由目的确定实验内容的设计思路。这就启示我们，把课程改革的一些理念、思维方法的训练融合于具体的教学之中，是大有作为的；要改变以往那种要求学生先记住"金属活动性顺序表"，然后去理论推想和预测、过于理性化的知识性传递方式；以实践、实验为基础，建构学习者的经验，进而形成有意义的知识与技能，这更符合初中学生的身心发展。答：剧烈，金属活动性Mg＞Fe，铁与硫酸铜溶液反应或其他合理答案。

可是，老师们对于探究式教学还存在许多认识的误区：如费时低效，只适合学习基础好的学生，不能把演示实验变成分组实验就不能进行探究，学生没

有讨论的习惯，不会设计实验就不能进行探究，等等。其实，学生的科学探究不同于科学家的探究，课堂中的探究活动可以在探究的环节、开放度等方面有不同的处理，也不需要每个内容、每节课都要探究，如果分组进行实验的条件不允许，学生可以参加探究过程的其他环节，如对某个实验现象的思考与讨论等。例如：2006年中考27题（测定空气里氧气的含量）就是来源于课本的实验与讨论（旧教材第25页，新教材第29页）。如果教师在教学过程中组织学生认真分析、探究过，那么该题的得分率应该很高。可惜全市得分率0.5，属中等难度，可见课本中的"讨论"题并未真正得到探究和落实。近十年来，广州市中考题中要求学生设计实验方案、完成实验报告，考查学生科学探究能力和实验表达能力的题目平均得分率为0.5左右，因此科学探究能力的培养不可忽视。

大量的教学实践表明，学生的探究意识和能力是随着探究活动的经历不断发展和提高的，即使是好学生也是如此，越是基础差的学生越是需要有计划地进行培养和训练，教师进行探究教学的效率和效益也是随着开展探究教学的次数和经验增加而不断提高的。

**2. 加强阅读指导，培养学生有效处理信息的能力**

《化学课程标准》在评价建议中明确指出：考核的重点不要放在知识点的简单记忆和重现上，不应孤立地对基础知识和基本技能进行测试，而应放在分析和解决实际问题的背景中去评价。这一理念在近年的试题上有较好的体现，主要有：

（1）联系最新科技成果命制高起点、低落点试题。

例2.我国神舟五号飞船已成功实现载人飞行，其运载火箭的主要燃料是偏二甲肼（化学式为$C_2H_8N_2$），下列有关偏二甲肼组成的叙述，正确的是（　　　）

A.由2个碳原子、4个氢气分子、1个氮气分子组成

B.由碳、氢、氮三种元素组成

C.由2个碳原子、8个氢原子、2个氮原子组成

D.组成元素碳、氢、氮的质量比为1：4：1

例3.我国最新研制的高温超导材料氮化硼，经测定，该材料中两种元素的原子个数比为1∶1，其化学式为（　　　）

A.BN　　　　　　B.$N_2B_2$　　　　　　C.$B_3N_2$　　　　　　D.$B_2N_3$

例2涉及了神舟五号飞船，但考查点是对偏二甲肼（$C_2H_8N_2$）分子组成的认识；例3涉及了"高温超导材料"，但考查点是化学式中原子的个数比。这类试题的特点是：起点很高，往往涉及科技、医药等领域最新成果；落脚点低，考查的往往是中学化学最基本知识。解答这类题的关键，就是要抓住试题的考查点。

（2）联系生产、生活实际，但考查的是化学基本知识。

2006年中考第5题涉及了环境污染问题，但考查点是酸的性质。第16题涉及土壤pH，但考查点是酸碱中和反应。

（3）抓住重大社会事件中的化学问题命题。

例4.2003年湖南衡阳市"11·3"火灾事件给人民的生命财产造成了很大损失，因火灾而发生的下列变化中，属于化学变化的是（　　　）

A.房屋中钢筋熔化　　　　　　B.房屋中可燃物燃烧

C.房屋倒塌　　　　　　D.窗户玻璃破碎

例4涉及了当时震惊全国的湖南衡阳"11·3"特大火灾事件，但考查点是针对化学变化的理解与判断。

（3）利用图表命题。

2006年中考21题（根据溶解度曲线图回答问题）考查学生从图表中获取有效信息并解决实际问题的能力。

从以上几例不难看出，解答这类试题的关键，是从题烦琐的文字叙述或图表中，抽提出简单的化学问题，亦即快速处理有效信息的能力。因此，在教学中加强阅读指导，培养学生处理有效信息的能力，是新课程背景下化学教师必须引起重视的问题。

**3. 重视情景教学，体现三维目标**

教学离不开教学内容，教学设计离不开教学内容的设计。但是长期以来，我们都只是关注单纯的化学知识内容，更准确地说是只关注具体的知识点。新课程从唯一的知识技能目标转为知识技能、过程方法、情感态度与价值观三个维度目标，教学内容从单纯的化学知识内容线索转变为三条内容线索，而且这三条内容线索不是简单的加和关系，需要拧成一股绳相互融合在一起。这就要求老师改变过去的教学习惯——只向学生呈现"裸露"的知识，而要学会创设教学情景将"裸露"的知识"包装"起来。换言之就是，要善于从情景中提出实际问题，运用化学的观点和方法分析和研究问题，在解决问题的过程中学习化学，再回到实际应用中去。这样做不是为了体现新课程而体现新课程，而是具有以下好处：一是促进迁移的需要；二是激发动机的需要；三是增进理解的需要；四是培养科学素养的需要。例如，在学习分子的概念及其特征时，我上课前在身上洒了些香水，然后故意在课室里来回走动，学生们很快就闻到了香水的气味并议论纷纷。我让大家讨论为什么香水不直接搽在鼻子上，也能被闻到味道？学生的学习动机很快被激发出来，都投入到激烈的讨论和探究学习中去。因此，在平时的教学过程中，我们应该做个有心人，重视创设教学情景，实现教学三维目标。

### 4. 处理好初高中化学知识的衔接，提高学生的综合素质

在初中化学教学中，我们要重视知识的连贯性，同时告诉学生在某些知识领域里没有明显的分水岭。当初中化学教材涉及高中化学的知识或学生问及与高中化学相关的知识时，我们必须掌握分寸，处理好上下关联的知识体系，既不能闭口不谈，也不能和盘托出，应该恰如其分地给学生以满意的答复，并引导和激励学生要知道问题的究竟，需要到高一级中学去继续学习。

例如，我们在初中化学学到盐的内容时，教材中介绍了碳酸钠是一种盐，不是碱，为什么它的水溶液显碱性呢？碳酸钠与水发生怎样的反应生成很少的氢氧化钠呢？其他的盐与水也能发生如此类似的反应吗？如何面对学生提出的这些问题，教师只能告诉学生，要想彻底弄清这些问题，必须到高中学习有关"水解反应"的知识。虽然这样的回答还没能给学生从理论上得到满意的答案，但是"水解反应"这一概念却在学生的头脑中留下了深刻的印象，今后到

高中学习时也就不感到陌生和突然了。

再如：当讲到复分解反应发生的条件时，教材中是这样规定的，即"两种物质（酸、碱或盐）在溶液中相互交换离子，生成物中如果有沉淀析出、有气体放出或有水生成，那么，复分解反应就可以发生，否则就不能发生"。为了说明"相互交换离子"就当然把"$AgNO_3+NaCl=AgCl\downarrow+NaNO_3$"写成离子的形成，即："$Ag^++NO_3^-+Na^++Cl^-=AgCl\downarrow+Na^++NO3^-$"，由此得出"$Ag^++Cl^-=AgCl\downarrow$"，这就是高中化学中的"离子反应方程式"。在列举NaCl溶液与$KNO_3$溶液混合后没有发生复分解反应的例子时，为了更清楚地说明问题，把$NaCl+KNO_3=NaNO_3+KCl$改写成"$Na^++Cl^-+K^++NO_3^-=Na^++NO_3^-+K^++Cl^-$"，让学生看左右两边的离子变化情况是完全相同的，而得出没有发生复分解反应的事实。这样的推理说明问题，我看完全能够让学生心服口服，从而也就为同学们到高中学习离子反应埋下了伏笔。当然，我们的初中化学教师在一番推理之后，仍然要求学生只需了解，不要求掌握，以免增加初中生的学习负担。

又如，在学习元素化合价时，大多数老师都编了朗朗上口的顺口溜帮助学生记忆，这也是个不错的方法，但由于学生并不真正理解化合价的计算方法，只靠死记硬背，因此遗忘率高，效果不理想。我认为，教师可以结合元素的原子结构示意图，讲清楚最外层电子数与化合价的关系，让学生学会对元素主要化合价的推算，同时也解决疑问：为什么有些元素主要显正价，有些元素主要显负价？学生在理解的基础上再记忆，效果更好，也有利于他们在高中化学必修II中"元素的化合价与元素在周期表中的位置关系"的后续学习。

再如，初中化学只是从得氧失氧的角度来介绍氧化还原反应，这是表观认识，并不能涵盖所有的氧化还原反应。但很多学生到了高一学习时，还常常把没有氧参加的反应当成非氧化还原反应。因此，初中教师应该告诉学生氧化还原反应的特征是反应前后元素化合价发生了变化，这也是判断的依据，至于氧化还原反应的本质，则不必在这里拓展了。

此外，初中化学教师还要重视教材中关于化学实验基本操作的规范表达

（如"九年级上册中"附录1"初中化学实验常用仪器和药品取盛规则"，P40"检查装置的气密性"，P17"课题3走进化学实验室"，P55"过滤液体"等），要求学生能用自己的语言规范表达实验操作步骤（尤其要落实到纸笔上）。因为高中课本中不再重复出现相关知识，而实验题却是必考而且得分率不高的题目，因此初中教学阶段就得重视和加强实验表达的训练，为学生将来的升学做好铺垫。

总之，初中化学教师既有完成自己教学任务的责任，也有担负向高一级中学输送合格人才的责任，因此在教学中应妥善处理好初高中化学知识的衔接，适当而有效地对学生进行营养补给，从而提高学生的综合素质，为后续学习埋下伏笔。

# 第四章　优化化学总复习模式，
# 发挥学生主体作用

　　教育部考试中心编写的化学科《考试说明》中指出："化学科考试旨在测试考生对中学化学基础知识、基本技能的掌握情况和所应具有的观察能力、实验能力、思维能力和自学能力。"分析近几年高考化学试题，我们不难发现，试题中对能力的考查确实越来越突出。因此，在组织学生进行化学总复习时，要紧紧围绕"能力"二字下功夫，做文章。笔者认为：能力的培养应是充分发挥学生主体作用。那些由教师"喂出来"和"抱着读书"的学生，很难有较高的能力水平。因此，要培养学生的能力，教师就要切实把学习的主动权还给学生，不但要相信自己的教，更要相信学生的学。

　　笔者任教的是广州市一所C组学校，学生基础相对薄弱，但在2002年全国普通高考中化学科本科上线率为58%，省专以上上线率为79%，大大超出了学校上线率（本科以上为39.23%，省专以上为78.95%），化学单科成绩在广州市20所C组学校中排第7位。虽然成绩不算很好，但与往届成绩相比，进步已经不小。回顾一年来的复习历程，我最大的感触是：只要老师能调动学生的积极性，充分发挥学生的主体作用，那么总复习就能收到事半功倍的成效。以下谈谈本人的一些做法。

## 一、改变旧观念、旧模式，优化化学总复习模式

### （一）当前化学高考总复习主要存在以下问题

（1）观念过时。长期以来一些教师都自觉或不自觉地把学生看成仅是接受知识的对象，不相信学生的能力，不敢放手让学生发挥，而要求学生按自己的一套去做，严重阻碍了学生主体能力的发展。

（2）教学模式陈旧。比如，教与学脱节，只有"教案"没有"学案"；课堂上老师唱"独角戏"；抓紧时间尽量把课讲全、讲透，生怕讲漏什么，不留给学生思考和消化的空间，把学生变成接受知识的"容器"；用题海战术训练学生，弄得学生苦不堪言。这些教学方式和方法，由于未能调动学生积极性，未发挥学生主体作用，势必得不到良好的教学效果。

### （二）改革课堂模式，激发学生主动参与

（1）调整、重组复习内容，将考试热点专题化，课时化。化学高考总复习的知识点不少于100个，如果面面俱到地进行复习，不但历时太长（起码要到第二学期的四月底），而且学生也感到烦闷，缺乏耐心。而实际上高考的热点主要集中在40个左右，其中一部分考点在历年高考中重复率几乎为100%，于是我便围绕这些考点，精心组织了四十几个复习专题，并把相关的知识点融入到各课题中去，这样既可以缩短复习周期，又减轻学生的负担，提高复习的针对性和实效性。

所谓课时化：即分课时处理复习内容。把复习内容课时化，有利于控制本课时的基础知识数量，实现课时目标，提高复习课的课堂教学质量。例如：氧化还原反应规律（2课时）；离子共存、离子方程式（2课时）；盐类水解规律及应用（1课时）；电解质溶液（3课时）；化学反应速率和化学平衡（3课时）；天平平衡（1课时）；有机合成（2课时）和生活中的化学（2课时）等等都可作为专题。这些专题涉及了高中的重点、难点和基点，方法与技巧，问题集中、剖析深透，使学生在认识过程中产生"第二次飞跃"，进入一种新的境界。

（2）优化课堂结构。高三的学生已具备一定的基础知识和自学能力，他们不喜欢被老师"牵着走"，也反感喋喋不休的"一言堂"。在这个阶段教师应大胆放开手脚让学生在课堂上直言、讨论甚至争辩。这种百家争鸣的复习方式，能充分发挥学生的主体作用。例：在复习到"什么情况下需要考虑盐类水解"时，如果教师如数家珍般一一列出，可以很快讲完，但效果肯定不好，学生记不牢。如果让学生自己思考、讨论，教师鼓励发言，允许查资料，最后才总结，起码不少于八种情况，那么在这个争论——思考——争论的过程中，学生就学得自由、学得深刻了。

高三的时间是宝贵的，因此有些教师便把课堂塞得满满的，觉得讲得越多，心里越踏实。事实却不然，一味追求"数量"的教学，往往只落个"蜻蜓点水"泛泛而谈，其教学"质量"并不高。我提倡的是"宁少勿滥""精讲精练，多总结"。例：在复习一个重要知识点前，先了解学生掌握情况，然后选编例题（一节课10个小题或1—2个大题就够了）。让学生先做，然后针对发现的问题讲清如何挖掘隐含条件，解答问题，分析题目中的"陷阱"和可能出现的错误，并对题目进行变形和拓展，最后让学生总结出同类型题的解题规律。这种"讲、练、议"三结合的方法，给学生提供了更多动手、动脑、动口的机会，使其主体意识更强，解题能力也得以大大提高。

**（三）引导学生自主活动，发展学生自主能力**

学生的学习活动就是学生自主活动的展开。学生的自主能力只有在自主活动中才能充分展示和培育。那么，如何引导学生进行自主的学习活动呢?

（1）必须留给学生自主活动的时间和空间。在教学时间和内容分配上教师应精心构思、合理布局，尽量多留给学生主动参与的余地。例如：对一些学生原来就掌握得较好的知识，我会把复习工作交给学生自己安排：把学生分成6个学习小组，让他们选择最"拿手"的课题，然后要求他们分别负责找材料编辑习题、写学案……这期间（一般为三天），老师不布置课外作业，把自习课完整地留给学生。课堂上，由各小组同学（大多会选一名代表当"小老师"）带动全班一起攻克难关，学习气氛特别浓厚，学习效果很好。

（2）强化学法指导，使学生学得主动，学出成效。在高考复习中，大胆放开手脚，把学习的主动权留给学生，并不是放任自流，让老师自己偷懒，而是要时刻关心学生会不会学、学得怎样，随时进行学习指导，使学生学得主动，学得得法，学得有效。例如：

① 巧记忆。对一些容易混淆、容易遗忘的知识，指导学生自编口诀，自己总结一些规律、技巧进行记忆。如：电解槽中的"阳氧"（阳极容易发生氧化反应），平衡移动原理"谁增耗谁，谁减补谁，但不能将外界条件削弱为0"，盐类水解规律"谁弱谁水解，越弱越水解，谁强显谁性"，等等。这些尽管很粗糙，却很实用，体现了学生的创造能力。

② 善总结。高中化学虽然内容杂，但章节之间都有一定的联系，如能把相关知识有机结合，横向联系，纵向归纳，则能更完整和系统地掌握知识。因此，在复习过程中，要指导学生对各章节、板块的知识进行归纳总结，建立起相关的知识网络，理解各部分知识之间的内在联系，做到"条理清楚，脉络分明"。例如：复习元素的单质及化合物知识、有机物化学知识时，指导学生利用框图、网络和表格形式，按照"线—点—面"的方式把各种知识结构化，使这些知识条理化、系统化，便于学生的掌握和运用。

③ 常积累。厚积薄发是值得倡导的有效学习方法，教师应指导学生对知识规律、解题方法进行总结归纳并积累下来。平时我要求每位学生备一本"精品集"和一本"错题集"，并随身携带，把老师、同学介绍的或自己看到的好题目、好方法抄摘或剪贴下来，把自己常犯错误的题目剪下来，并附上错误原因，正确解题方法。绝大部分学生都这样做，经日积月累，学生都积累了厚厚两本学习心得。在他们的整理过程中，这些知识早已得到了内化和升华，学习成绩也呈螺旋式上升。此外，还有很多学习方法，这里不一一列举，只要老师用心指点，学生就会有出色的表现和意外的收获。

**（四）完善教学反馈机制，体现学生主体地位**

教学反馈是把教学的结果与教学目标相对照，找出差距，从而调整教学行为。教学反馈是主体性教学的必要环节，机制的完善与否将直接影响教学质

量，因此要建立和健全以学生学习过程和结果为核心的师生、生生双向循环反馈结构。如图4-4-1：学生学习（过程和结果）

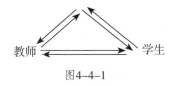

教师　　　　　　　学生

图4-4-1

**1. 师生反馈**

在组织复习的过程中，教师要时刻提醒自己，学生才是学习的主人，要虚心听取学生的意见，根据学生反馈的信息及时调整教学策略。因此，每次专题测验我都做到全收全改，还详细写评语，把学生出现的问题在讲评时列举出来，供学生讨论、分析、借鉴。另外，还要求学生写考后分析，总结个人的成绩与不足，共同探讨在复习过程中教与学之间尚存在的缺陷，及时调整，寻找更佳途径。例如：在全市第一次统测后，我与全班每位同学都单独面谈一次，（要求学生带试卷）了解其本人存在的问题，并征求下一步的复习建议，每位同学都很认真与教师探讨。我还根据他们的要求，在第二轮复习中加强了实验和计算两部分知识的复习，主要抓"如何规范答题""如何填写实验报告"。到第二次统测后，我发现这两个大题的得分率分别提高了20％和15％。我再次找学生谈话，对他们提出的几个意见（如：重点复习几个专题，考场的心理辅导），我都帮助他们解决，他们很高兴，学得特别认真。高考那天结束后，学生都对我说："老师，多谢你！"

**2. 生生反馈**

除了师生反馈以外，生生之间也可以建立良好的监督反馈机制。

为了更好地发挥学生的积极参与、主动学习的主体作用，我们对部分作业和课堂小测，采取互改互评的方法。做法是两个同学结成一个学习对子（可自由组合，也可教师调配），背对背互批本子，面对面互评方法。一开始，不少同学都觉得很别扭，不好意思。时间一长，大家都发现这种方法不但有利于取长补短，教学印象也很深刻，教师也能从中掌握不少教学情况。学生从"互改互评"中尝到甜头后，便互相借鉴"精品集""错题集""题析本"等学习资料。他们说：这叫资源共享。当然，为了进一步指导和改进教学，老师要经常进行诊断性的检查，使学生养成自我约束、自我检查的习惯。

**（五）发扬教学民主，创造良好的教学心理环境**

教学民主就是在教学过程中，师生互相信任、相互配合，创造一种自由宽松的民主气氛，利用融洽的师生关系与和谐的心理氛围促进教学的顺利进行。

**1. 营造和谐民主的教学氛围**

学生对知识的学习态度，在很大程度上取决于他对教师的态度，当学生在平等、信任、理解、和谐的氛围里学习时，他们在展开思维时无需处于防御状态，自己思想的火花无需压抑，能够保持心理的"自由"，充分发挥学习的主体性。因此，教师在组织教学时，应把自己置身于学生群体中，设身处地为学生着想，给学生创设成功的机会，对学生的每一次进步或发现都给予肯定，使学生获得成功的自豪感。例如，每讲完一个问题，可以征求学生的意见："还有其他的做法吗？"只要学生大胆发言，都要给予鼓励和表扬。对于好的建议和方法，教师要虚心学习和大力推广，不能顾面子硬撑着不接受。对于敢于提出不同意见的学生，要认真分析，及时给予明确的答复，让学生体会到教师对自己的重视，意识到自己在教学过程中的主体地位，学生学习的积极性和主动性就得到了很大的激发。

**2. 建立良好的教学情感**

教学不同于"人—机"系统的操作，学生是一个个具有丰富感情的个体，如果没有情感基础的教学活动，再好的方法也没有生机和活力。所以在高考复习过程中，教师种种教学手段的实施都必须基于这个重要的前提，那就是"真心热爱学生"。爱能生情，"感人心者，莫先乎情"。教师自始至终都必须以真心换真情、以情动人，去感化学生，让他们从"很怕学""不想学"甚至"很厌学"的阴影中走出来，转变成"我要克服一切困难去学"，真正成为学习的主人。

进入高三后，我在班上说，过去的就让它过去，不管成绩理想与否，它都不代表高考结果。我们不迷信以前的一切，让我们从头来过。课后我把学生分成几个小组分别谈心，与他们一起探讨目前化学高考的趋势，一起制定复习计划，并提出个人的复习目标，学生深切地感受到教师的关爱，都暗下决心努力拼搏，不负老师的期望。"一模"后，学生发现自己的成绩与理想相去甚远时，便会有悲观、消极甚至放弃的念头。这时教师又及时给予关心与帮助，告诉他："年级的老师都很关心你，很想帮助你。只要你调整状态，一定能行。"让学生振作起来，继续奋战。

此外，教师还要时刻关心学生的生活、心理等各种问题，用自己的殷殷之情、拳拳之心去赢得学生的信任与爱戴。这样学生就能"亲其师，信其道"，积极主动地参与教学过程。

总之，我认为最佳的教学并不是靠教师出色的教，而是靠学生自主的学，这样才能最大限度地调动和发挥全部教育资源，去获得最大的教育效果。

# 第五章　化学教学中实施发展性评价
# 要注意几个问题

新课程改革重视和强调学生的全面发展和终身发展，把促进学生自主、和谐发展作为教学的重要目标。与此相适应，需要建立以促进学生、教师、学校共同发展为目标的新的评价体系。新课程实施以后，广大教育工作者十分重视教育评价改革以及评价体系的重新构建，并在实践中大胆探索，并取得一定经验。当然，任何改革中的经验与问题都是共生的，改革的过程就是一个不断探索与完善的过程。笔者结合在化学教学过程中实施发展性评价所遇到的问题，以及通过调查了解所获得的信息，谈几点实践经验。

## 一、要深入学习发展性评价的目标与理念，防止生搬硬套

在实践中"建立发展性评价体系"是一项复杂的系统工程，它不仅追求教育评价功能由甄别、选拔向诊断、发展的重大转变，而且在评价主体、评价内容与标准、评价过程与方法等多个方面都提出了新要求。这就要求广大化学教师要学习、理解和接受发展性评价的新理念，并在其指导下，通过科学的评价活动，诊断学生在发展中的优势与不足，并在此基础上提出有针对性的指导方案，有效促进学生的学业进步和全面发展，改进教师的教学工作和促进教师的专业成长，使评价与教学活动有机结合起来。

在实践过程中，笔者发现部分教师尚未完全理解和学习新的评价理念，便

匆匆上马了，结果生搬硬套后出现了一些有待讨论与改进的问题：

**1. 不恰当地使用激励性评价策略**

在评价改革实践中，有些教师以为实施发展性评价只需要发挥评价的诊断、激励和发展功能就可以了，甄别和选拔的功能成为不敢跨越的"雷池"，这就变成从一个极端走向了另一个极端。有的教师在学生出现错误的时候一味"激励"学生，比如在化学课上，学生把"$CO_2$"写成"$NO_2$"，把实验室制$NH_3$的装置图画成"大试管口向上"，教师却说"没关系，这些只是小小失误"，完全置严谨的科学态度培养于不顾。笔者认为，要全面认识和发挥评价的多重功能，不能顾此失彼。评价的各种功能之间是对立统一的关系。如果没有检查、甄别和选拔，那么诊断、激励和发展就很难落到实处；而如果忽视了诊断、激励和发展，那么检查、甄别和选拔就很难卓有成效地促进学生的学习与发展。教育工作者应根据工作的需要和学校的实际，多方面、均衡地发挥评价的多种功能。

**2. 试图构建"全面而丰富"的学生评价体系**

重视学生全面发展不等于要求学生评价要面面俱到，有些教师在设计评价标准时把各种需要培养的智能或素质通通包括在内，一个活动表现评价标准长达二十几项（实际上是不可能达到的），试图构建"全面而丰富"的评价体系和方案。这种做法必须要慎重考虑。教师应在实践中不断反思和改进，制定简明有效、简便易行的评价内容，避免增加师生的负担与焦虑，更要防止不恰当的评价体系成为束缚学生发展的新桎梏。

**3. 简单地把评价理解为评分**

有的教师将学生自我评价和多主体评价简单地理解为自我评分和多主体评分，而不是让他们依据标准和要求进行深入的评价与反省，找出被评价者的优势与不足，并提供一些建议性的改进意见；有的把多主体评价的意见呈现在同一张打分表上，使不同主体可以看到他人的评价，这必然使评价意见的真实性和有效性在一定程度上受影响；有的将学生自我评价甚至同伴与家长的评价意见与某些利害关系（如发放一定奖品）联系起来，分别以不同的权重计入总分等。这些都只是把评价简单地理解为评分而已。结果又让师生和家长陷入一种新形式的"分数情结",评价与评分,换汤不换药。其实,让学生进行自我评价,目的是培养学生的自我评价、自我反省与自我监控能力;让学生参与对他人的评价过程则是一种学习与交流的过程,不仅能够更清楚地认识到自己的优势和不足,还可以提高学生的批判性思维,让学生学会交流、合作与分享;而让父母参与评价能够让父母清楚地了解孩子的学习情况与成长过程,从而更有针对性地教育孩子,达到学校与家庭教育之间的协同。因此我们应淡化分数,淡化学生之间的评比(相对评价),提倡学生与课程标准比较(绝对评价),与自己的过去比较(个体内差异评价),强调在多种比较中客观地了解和评价学生,也帮助学生正确地认识自我和悦纳自我。

## 二、要有明确的评价目的和恰当的评价目标

所有的评价活动都要从确定目的开始,明确的评价目的是策划、实施和调整具体评价活动的有力依据。而有的教师在进行评价前并没有制定明确的目的,而是在评价过程中跟着感觉走,碰到什么评价什么,这种随意性评价自然达不到评价的作用和效果。例如,对"实验探究原电池的形成条件"活动的评价目的不是诊断学生实验能力的高低,实验操作的标准与否,而是诊断学生科学探究能力的高低,以及根据实验事实进行推理、归纳总结理论知识的水平。因此,教师在评价时就要围绕这一目的有所侧重地进行,否则"眉毛胡须一把抓"势必影响评价结果。

评价目标的制定要切合实际。目标过低,缺乏激励和鼓动性,无法调动学生积极性;目标过高,给学生造成太大压力,有时甚至让部分学生产生自卑心理,给教学带来负面影响反而得不偿失。例如,刚学完"氧化还原反应",就希望学生能熟练分析电子转移的方向和数目,这显然期望太高,易使学生感到高不可攀而产生畏难情绪,不但影响评价结果,而且影响教学效果。

因此在实施发展性评价时，教师一定要先制定明确的评价目的，恰当地评价目标，这是评价活动得以顺利进行的关键所在。

## 三、要有详细的评价标准

没有规矩不成方圆，没有评价标准，也就没有公平的评价。因此明确而清楚的评价标准是成功实施评价的关键。为确保标准具体、明确、容易操作，在制定评价标准前教师必先实践、探讨，实施过程中还要根据实际情况及时调整，使之更为合理、准确。这就好比教师批改试卷，得依据评分标准进行，又由于学生的解题方法总是各不相同的，因此教师又不能只完全按照自己原来设计的标准来评价，而应调整标准，按得分点给分。下面以"实验探究氯水成分"为例，讨论评价标准的制定。

【个案】制定"实验探究氯水成分"的评价标准。

在制定标准前，笔者先征求部分学生"评价该实验的标准是什么"。大多数学生认为只要结论正确自然可以得高分。我告诉学生，评价在本质上是一种对教学结果做出价值判断的过程，并不只对教学结果的描述，做出判断的过程本身也具有价值，也应当成为化学实验教学评价的有机组成部分，因此对该实验的评价应包含形成性和过程性。

学生承认这种评价方式当然比只关注结果的评价客观、合理得多，只不过习惯了以前的评价，因而不太适应发展性评价。在教师的引导下，学生开始思考并制定了最初的评价方案。接着教师自己实际操作一次，记录和研究自己的活动表现，最后将本次探究活动的评价标准制定如下：

表4-5-1

| 评价标准（权重每项10分） | 是 | 否 | 分数 | 评语 |
|---|---|---|---|---|
| 1.能否根据实验目的设计简单的实验方案 | | | | |
| 2.能否初步论证实验方案的可行性 | | | | |
| 3.是否积极参与实验操作活动，并善于与他人合作 | | | | |

续 表

| 评价标准（权重每项10分） | 是 | 否 | 分数 | 评语 |
|---|---|---|---|---|
| 4.是否规范地称取药品 | | | | |
| 5.是否注意节约化学药品 | | | | |
| 6.是否保持实验台的整洁 | | | | |
| 7.是否客观、准确地观察和记录实验现象 | | | | |
| 8.能否根据实验现象准确推断结论 | | | | |
| 9.能否规范地书写化学实验报告 | | | | |
| 10.是否体验到实验探究的乐趣 | | | | |

标准出台后，同学们又讨论开来，认为应该有关于实验准确度与实验时间方面的评价，教师接受意见并增加了两条标准：

表4-5-2

| 11.是否依实验方案得出正确结论 |
|---|
| 12.是否在规定时间内完成任务 |

可见，一个详细的评价标准是需要反复实践推敲才能制定下来的。

评价标准是为评价过程服务的，只有制定了明确的标准，评价才"有法可依"，才能体现评价的公平、公正、公开，否则将会造成评价的混乱。评价是一种民主协商、主体参与的过程，评价主体已不再仅仅是过去的评价者（如化学教师），还包括过去的被评价者——学生，有时还包括参与教学活动的第三者——家长或社会人士，从而使化学评价主体多元化。由于评价主体的学识水平各不相同，因此评价标准就显得尤为重要了。当多主体参与评价时，教师还得对其他主体进行必要的指导，要清楚地向他们介绍和解释评价的内容与要求、使用的技术以及需要注意的问题和学生的基本情况等，只有做好"岗前培训"，评价才趋向准确、更显价值。

## 四、要进行及时的评价反馈

实施发展性教学评价是为了教学的进一步发展，因此评价结果工作完成后，要进行及时的评价反馈，以便调整教学步伐。但是，在实际操作中，有些学校和教师却出现以下问题：①把教学与评价看成是两种相对独立的活动，不能有意识地通过评价活动引导、促进教师的教和学生的学，没有把过程与结果、教学与评价有机地结合起来。②过分关注学生评价的导向和监督功能，对于评价的功能认识不足，没有有意识地通过评价活动激励学生的发展，诊断学生的优势和不足，以及对学生的发展提出有针对性和建设性的建议。这就使发展性评价流于"为了评价而评价"的形式主义，效果上也不尽如人意。因此，进行评价反馈不但必要，而且重要。进行反馈时要注意以下两个问题：

### 1. 反馈的及时与全面性

每项评价活动结束后，要及时、全面地将结果反馈给学生，使学生获得本次活动的全部信息，即在哪些方面表现突出，哪些方面需要加强，以便学生及时进行反思与总结。

### 2. 反馈的具体方式

将评价结果反馈给学生、家长时要尽量保护学生的自尊心，在全面了解学生心理状况的基础上，根据实际情况决定是否公开反馈。同时要和学生多沟通，使他们正确地认识自我，形成改进和发展的愿望，真正从评价活动中受益和成长。

"前事不忘，后事之师"，希望以上问题的提出能引起教育工作者的反思和改进，为新的评价体系的建立和发展提供借鉴意义。只有评价工具及其实施过程是科学有效的和公平的，评价促进学生成长和教师发展的作用才有可能得到切实的发挥。

总而言之，学生的发展是根本，这是发展学生评价体系的立足之本，也是学校教育教学工作的落脚点。正如斯塔弗尔比姆所说："评价最重要的意图不是为了证明，而是为了改进。"

# 第六章　创设实验情境，深化元素化合物教学

元素化合物知识是指在中学化学教科书中关于一些重要元素和有代表性的化合物的存在、性质、用途和制备等方面的知识，是化学教学内容的重要组成部分。它与化学中的基本概念、基本理论、化学用语、实验、计算等各部分知识的教学都有紧密的联系。概念、理论的导出和运用要用元素化合物的知识，实验、计算、化学用语的教学也必须以元素化合物的知识为基础。所以，元素及化合物的知识始终贯穿在中学化学教学之中，成为整个中学化学教学的中心内容。因此，其教学效果将直接影响整个学科教学的成功与否。

本人在教研活动中常听见有些同行抱怨元素化合物课不好教，因其知识多数是叙述性的，感到枯燥，没有"讲头"。学生也反映这类课型不好学，似乎这些知识一看就明、一听就懂，但却容易忘记。并因此认为"化学难记""化学要靠死记硬背"。我认为这些都是对元素化合物教学的偏见，学生的误解主要源于教师的误导。身为教师，本来就该积极主动探索教学方法，而不是"照本宣科"，更不应抱怨。诚然，概括的言语信息是元素化合物知识的主要形式。但是，它必须以对具体化学事物从感性知觉到理性思维的学习为基础。所以，我认为元素化合物的学习应该实行言语信息学习与通过化学实验学习相结合。只有通过生动、直观、有趣的化学实验，才能使学生获得生动准确的感性知识，这对形成概念，启迪思维，培养能力具有十分重要的作用。本人在这类课型的教学中，常常采取化学实验教学，学生乐于接受，且印象深刻，教学的效果明显。

现在，以"硝酸"一课为例，谈谈如何创设化学实验情境，从而深化元素化合物的教学。

## 一、增加演示实验，强化学生的形象思维

演示实验是最直观的教学手段，在帮助学生理解概念，掌握知识与技能，提高学生的思维能力方面具有重要作用。

本课时增加一个演示实验：浓硝酸受热分解。

首先，教师展示一瓶新开封的浓硝酸和一瓶放久了的浓硝酸，引导学生观察其颜色差别。学生对物质形成感性认识。

其次，学生讨论"为什么放久了的浓硝酸会变黄？"创设问题情境，激发学生求知欲。

接着，教师取少量浓硝酸加入到一支试管中加热。用带火星的木条检验产生的氧气。要求学生边观察边思考：①试管内颜色有何变化，有什么气体生成？②插入带火星木条有何现象？说明有什么气体生成？③试写出该反应的化学方程式。④为什么浓硝酸会变黄？这说明浓硝酸有何性质，如何保存？

最后师生共同分析概括出硝酸的不稳定性及硝酸的保存方法。这样，并不单为了演示而"演示"，也避免了学生"袖手旁观"，而是通过创设一系列问题情境，让学生带着任务进入实验情境，使其对硝酸的感性认识（色、态）上升到理性认识（不稳定，应避光保存），既帮助学生深刻认识物质，又大大强化了学生的形象思维。

## 二、课堂上增设协同实验，激发学生学习兴趣，提高理性认识

协同实验是指在课堂教学过程中，介于演示实验和学生实验之间，主要由学生完成的随堂实验。一般为同桌两人一组，适用于操作比较简单，所需要仪器和药品不多的实验。其基本模式如图4-6-1所示：

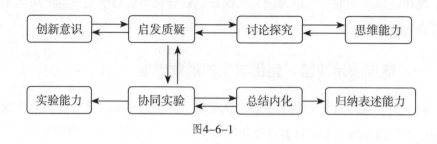

图4-6-1

在本课时中设计了三个协同实验：

**1. 浓硝酸与Cu的反应**

首先，教师设疑：Cu是不活泼金属，它不与一般的酸发生反应，它能否与浓硝酸反应呢？其次，学生做实验，描述实验现象并填写实验报告。最后，学生讨论：①大试管中NaOH溶液起什么作用？能否用水替代？②浓$H_2SO_4$和浓$HNO_3$的氧化性哪个最强？

**2. 稀硝酸与Cu的反应**

首先，教师设疑：Cu与浓硝酸能发生剧烈反应，与稀硝酸行不行？其次，学生做实验，描述现象并填写实验报告。最后，思考讨论：①为什么有的同学看到红棕色气体，有的同学看到无色气体？②实际上，稀硝酸的还原产物是什么？如何证明？③浓硝酸与稀硝酸比较，哪个的氧化性更强？

**3. 浓硝酸与木炭的反应**

教师设疑：浓硫酸与木炭在加热条件下可以反应，浓硝酸可不可以？学生通过实验释疑。通过这三个具体有探索性的协同实验，把三个化学实验反应的每个微小现象都清晰地摆在学生面前，这充分调动了学生学习的主体能动性，大家都积极主动地投入到教学活动中，随着一个个疑问的击破，课堂上出现了一个又一个的高潮。这种实验不但有利于学生观察力、思维能力、实验动手能力的培养，也有利于学生在研究性学习的过程中直接获得有关元素化合物的知识。这比教师"和盘托出"的传授要具体得多，形象得多，学生印象也深刻得多。

实践证明确实如此。我在任教的两个平行班中，做了一个试验：就是在

（1）班只增加演示实验，其他内容完全按照教材讲。在（2）班既增加演示实验，又增加协同实验。结果发现：（1）班课堂气氛一般，大部分学生急于把教师对物质性质和反应现象的描述记录下来，根本无暇品味其中妙处，只是机械接受，所以很少共鸣；而（2）班课堂气氛活跃，就连平时对化学没多大兴趣的同学，也急于探究为什么，分析课后作业和课堂小测所反馈的情况。（1）班同学作业错漏较多，还有同学认为"稀硝酸与Cu不反应""稀硝酸与Cu反应放出$H_2$"。（2）班学生作业情况较理想，基本没有什么错误。课堂小测平均分相差较大，（1）班为75.5分，（2）班为81分，由此可见，协同实验确实效果显著。

## 二、启发学生设计实验，强化学生综合运用知识、理解问题的能力

以往的学生实验都是按教材规定，学生大都不动脑筋，"照方抓药"，有些做完了实验，还不知道自己究竟干了什么。这种实验收效不大，学生作为认识的主体，要把知识和技能内化为自身需要，就需要经过他们自身的智力活动与实践活动来实现。如能结合教学内容，选择合适的实验设计题，启发和鼓励学生大胆设计实验方案，并用实验证明设计的合理性，优化出合理方案，不但能培养学生的创新能力，还能很好地强化学生综合运用知识、解决问题的能力。

笔者在任教的另外两个平行班中，又做了一个试验：（2）班、（3）班的课堂教学完全相同，除都有演示实验和协同实验外，（3）班的课外练习增加两道实验设计题：要求他们每4个同学为一小组，自由组合。两个星期后在课外活动课堂上注意向全班同学演示，并选出最优实验四个。在这期间实验室向他们开放。

习题布置，（3）班同学便兴致勃勃，热情高涨。他们说，协同实验令他们余味无穷，以前大多数是验证性实验，没什么"神秘感"，现在要自己设计去探讨物质的性质，需要运用很多方面的知识，有挑战性，于是他们立刻组队，

并自选组长，落实每个任务，分工查找资料，一次又一次地做实验，一遍又一遍地请教老师，学习态度特别认真。这与以往考试前对教师的"狂追不懈"是完全不一样的，这令我深感欣慰。在两周后的"汇演"中，我还惊喜地发现，他们设计的实验不但整洁、美观，还科学合理，很有创造性。有些小组配有声情并茂的讲解员，有些还自制Powerpoint配合分析，真是"八仙过海，各显神通"，受到了与会师生的一致好评。其他班同学还埋怨我偏心了，不让他们也尝试一下。经过这次训练，（3）班同学的实验操作能力、综合分析能力都大大提高了。在学校的科技节中，他们获得了"制氧技能比赛"两个一等奖，"环保实验设计"一个一等奖、一个二等奖。在后继练习和单元测试中，（3）班同学在化学实验综合分析方面得分率都高出（1）班、（2）班。

由此，笔者深深感到，只要条件允许，我们应多给学生提供理论联系实践的机会，指导并鼓励他们大胆设计探索性实验，这对提高学生动手能力，培养学生思维能力，强化学生综合运用知识解决实际问题的能力都是大有帮助的，也是最有效的途径之一。这就好像一个刚学走路的小孩，如果你整天抱着他，不让他尝试走路，训练协调，那他将永远也不会走路的。你应大胆给他创造锻炼的机会，尽管他经常摔倒，但我们要相信在跌跌撞撞中训练出来的他会更强。我们要把学生培养成为学用一致，全面发展，能适应四化建设和社会发展需要的新人，就更应该如此。

总之，元素化合物知识的教学不能脱离实际，空洞说教，而应该积极创造化学实验情境，让事实来说话，让学生通过耳听、眼看、手动、脑思去剖析物质的性质，去探讨物质之间的相互关系。这样才能真正把新知识纳入学生的知识体系之中，内化为自身知识。同时也有利于培养学生从具体的形象思维转入概括、抽象的逻辑思维，从而提高理性认识。

# 第七章　关于化学课堂教学中难点的突破

教学难点是指教学过程中学生不易理解的知识或不易掌握的技能技巧。在一线的老师都有这种感觉，难点不一定是重点。而且难点也是因人而异的，有些问题尽管很难，但学生悟性好，兴趣大，因此掌握得很快；而有些问题原本并不难，但学生不重视、不感兴趣，这就变成了教学的难点。因此笔者认为，"难点"和"易点"没有严格的界限，凡是使大多数学生感到困难的或提不起兴趣的内容，教师就要当作教学的难点，想方设法加以突破，以期达到良好的教学效果。否则难点积聚，造成积重难返，学生将会失去对该学科的学习兴趣。

教师在课堂上要成功突破难点，功夫在课外。首先教师要认真研究和分析教材和教学对象，搞清楚教材的难点在哪里，学生的思维障碍在哪里，然后根据难点所在，抓住关键，具体问题具体分析，最后设计教学策略，有针对性地加以解决。

## 一、由于学生不重视而造成的难点，要借助实物、标本或多媒体等多种教学手段，以形象、直观、实践的教学去突破

有些知识属介绍性质，理论不多，以叙述性为主，且篇幅较长，难以激发学生兴趣，结果是"一看就明，一过就忘"。突破这类难点，关键在于教师能否做到理论联系实际，学以致用，充分激发学生积极的学习心态。解决的方法有：①借助多媒体、模型等直观教具，以增强感性认识；②讲解时应多联系生

活实际，用生动的事例来激发学习兴趣；③组织小型知识竞赛，培养和激发学生的思维兴趣。

例如，在讲高中化学"绪言"课时，教师先向学生展示塑料、水、臭氧杀菌机、药品等，并结合这些物质或用品的性质、用途，介绍化学与材料、能源、环境、生命的关系，接着播放有关化学发展史的录像，形象、直观地向学生展示新材料、能源消费的增长与人类社会的发展、进步的关系，让学生深切体会"化学是人类进步的关键"这一至理名言。这样一步一步地把学生对化学的学习兴趣激发出来，再趁热打铁组织学生讨论如何学好高中化学，本节课的难点在轻松、自然、活泼的气氛中得到解决。

又如，"新型无机非金属材料"这一节课的难点在于：如何使学生对教材内容感兴趣，如何使学生了解新材料在现代科学技术中起到的重要作用。若光靠教师泛泛而谈或学生自学，效果都不好。如能事先要求学生收集身边的各种材料实物并了解其用途，然后在课堂上介绍，教师引导学生对这些材料进行分类，接着观看有关新型无机非金属材料的影碟，最后组织知识竞赛，把学生的主动性和积极性充分调动起来，难点也就迎刃而解。实践告诉我们，兴趣才是最好的老师，兴趣始终是重要的学习动机之一，教师若能激发学生的学习兴趣，难点就容易解决了。

## 二、由于知识抽象而造成的难点，要通过举例子、打比方或动手做实验去突破

中学化学的许多知识游移于宏观与微观之间，如物质之间的反应实际上是微观粒子之间的反应，其过程常伴随着能量的变化；又如物质的结构决定其性质等抽象理论知识，由于学生缺乏与之有关的感性认识基础，经常出现理解困难。教师就得借助一些通俗易懂的例子来帮助学生理解。因为，人的认识过程，是一种从具体到抽象、从感性认识到理性认识的过程。

在学习"化学反应中的能量变化"时，教师可先举一些生活实例，如烧烤食品、北方的炭炉等，再分组做教材中的两个实验，通过实验让学生亲自感觉

化学反应中的能量变化，最后达到理解的目的。而对于本节的另一个难点——化学反应中能量的"贮存"或"释放"，教师可以打比方：身体偏瘦的人要增加食物的摄入，使食物中的能量转化成脂肪贮存在体内，从而达到增重的目的。而肥胖的人却要通过锻炼消耗脂肪，使之变成能量释放出来，以期减肥。通过浅显易懂的比方，就能了解抽象知识理论，何乐而不为？

## 三、由于难点多、难度大造成的问题，可以设计成若干个小问题，分散难点，化整为零，帮助学生逐个突破

例如，在研究"非极性分子和极性分子"时，学生很难一下子理解分子结构与分子极性的关系。因为分子结构和分子极性都是较抽象的新知识，是教学中的两个难点。这时教师不要一上课就直奔主题，一心急就和盘托出硬塞给学生。而应该设计若干问题组引导学生在求疑、释疑的过程中由浅入深地逐个突破难点，最后综合归纳，彻底解决问题。

操作如下：课前准备，学生制作 $H_2$、$HCl$、$CO_2$、$H_2O$、$NH_3$ 分子的模型，教师制作以上分子模型的电脑课件（具有三维立体空间，可任意旋转）；课堂上设疑→求疑→释疑：①在共价键分子中共用电子对是否发生偏移？②如何判断共价键的极性？（讨论得出判断依据：成键原子是否为同种元素的原子。）③分子的极性决定于什么？（点拨：分子内电荷分布是否均匀。）④如何判断双原子分子内电荷分布是否均匀？如何判断双原子分子的极性？（引导学生结合 $H_2$、$HCl$ 的分子模型和电脑课件分析得出：双原子分子的极性决定于共价键的极性。）⑤如何判断多原子分子内电荷分布是否均匀？（点拨：与分子内键的空间排列即分子结构有关。若分子为对称结构，则电荷分布均匀；若分子为不对称结构，则电荷分布不均匀。）⑥如何判断多原子分子的结构是否对称呢？（利用分子模型和课件指导学生分析判断）。

随着以上六个问题的层层突破，分子结构与分子极性的"盖头"慢慢地被掀开来。而这时学生的认识还是比较模糊的，因此教师要留几分钟时间给学生思考，整理思维，把以上六个问题内化为学生自己的知识，然后师生一起讨论

并归纳判断分子极性的规律，再通过练习加以巩固。

## 四、由于化学计算造成的难点，可以采取边讲边练、循序渐进的方法去突破

笔者在教学中发现，大部分中学生对化学计算感到困难，无从下手。归纳其原因有：未能掌握化学反应原理，不熟悉化学计算技能，缺乏解题技巧。实践证明，要突破化学计算中的难点应从以下四个方面进行：①引导学生准确掌握概念和原理；②使学生真正理解"量"的关系；③边讲边练，对学生进行解题思路的训练；④通过典型题例，归纳总结解题技巧。

例如，学习"有机物分子式和结构式的确定"时，首先要搞清楚实验式的概念，然后分辨实验式与分子式的联系与区别，再讲透化合物的相对分子质量与各元素的质量分数、各元素原子的数目、各元素原子的相对原子质量等"量"之间的关系。在学生理解的基础上引导他们自己完成例1的分析与解题。紧跟着来一道类似练习，学生马上尝到了成功的喜悦，学习信心大增。例2的难点在于如何推测有机物A的组成元素。教师应放手让学生去讨论、去争议，必要时，教师才做点拨。该题有多种解法，只要学生能想到的，都应给予表扬、鼓励。再通过例3的学习和相关的拓展练习后，师生一起归纳总结确定有机物分子式的方法：①由分子中各元素质量分数及相对分子质量确定分子式；②由反应物和生成物质量及相对分子质量确定分子式；③由相对分子质量及有机物通式确定分子式；④利用化学方程式计算确定分子式；⑤根据分子的平均组成及有机物通式确定分子式。这样通过对概念的深入理解、典型题目的分析讨论、解题方法的规纳总结，学生基本能掌握有机物分子式的确定方法。

有关有机物结构式的确定，应让学生明确有机物结构与性质的密切关系：

结构 $\underset{\text{反映}}{\overset{\text{决定}}{\rightleftharpoons}}$ 性质。只有明白了这一道理，学生才能理解确定有机物结构式一般应具备的两个条件：分子式和该物质的特殊性质。这样学生在做题时就会努力挖掘题目的信息，解决以上两个条件，最后确定其结构式。

　　总之，教学中的难点是多种多样的，对待不同类型的难点，要具体分析，区别对待，切不可千篇一律地用同一种方法解决各种难点。当然，各种方法之间也不是截然分开的，有些复杂的难点需要多种方法同时使用，多管齐下，一起突破。笔者认为，教无定法，法无定式，教学没有一成不变的方法，没有一个固定的模式。只要有利于发挥教师的主导作用和学生的能动作用，有利于突出教学重点、突破教学难点的方法，都是值得提倡的好方法。而在千差万别的方法中，都得有一个共同的特点，那就是让学生成为知识探索的主动参与者。苏联教育学家赞可夫指出："让学生自己去寻求问题的正确答案，它不但对他们领会知识和掌握技巧，而且对他们的发展都有重大的意义。"

# 第八章 新课改背景下的"我与化学"
## 综合实践活动初探

化学新课程标准明确指出："作为科学教育的重要组成部分，新的化学课程倡导从学生和社会发展的需要出发，发挥学科自身优势，将科学探究作为课程改革的突破口，激发学生的主动性和创新意识，促使学生积极主动地学习，使获得化学知识和技能的过程也成为理解化学、进行科学探究，联系社会生活实际和形成科学价值的过程。"

"我与化学"活动是以展示中学生创新精神和动手实践能力为主要内容的化学课外研究性活动，它提倡教师从学生已有的经验出发，让他们在熟悉的生活情景中学习化学，帮助学生从科学、技术和社会相互联系的视角认识化学，落实贴近生活、联系实际的教学要求，增强学生的社会责任感。其理念与新课程所体现的"科学探究"是不谋而合的。可见"我与化学"活动顺应了社会经济发展对人才培养的新要求，引领了新一轮课程改革的潮流，是广州市化学教育界开展的非常超前的创新活动。

## 一、新课改促使"我与化学"活动顺利开展

虽然"我与化学"活动开展至今已有五年的历程，但由于没有具体的课程设置和时间保障，大部分的化学教育工作者感到开展该活动困难重重，很难得到学生、家长包括学校等方面的理解和支持，常常半途而废，收效甚微。就

在我们举步维艰的时候，新课改给了我们很大的鼓舞。综合实践活动、研究性学习、选修课等课程的开设，为"我与化学"活动的开展提供了支持和广阔的"活动天地"，改变了过去为了一次外出调查而左申请右报告还抽不出时间或得不到家长和社会支持的尴尬局面。新的课程设置促使"我与化学"活动真正走进课堂，成为化学教学的重要组成部分。因此，广大化学教育工作者要抓住新的课程改革的契机，重视和积极开展"我与化学"活动，让学生在活动中学会发现问题、分析问题和解决问题，使化学教学更贴近自然、社会和生活。

## 二、新课改环境下如何开展"我与化学"活动

在新的课改环境下，如何开展"我与化学"活动呢？笔者在教学实践中有如下的体会。

### 1. 把握教学时机，寻找活动生长点和结合点

新课程开设的综合实践活动课内容丰富多彩、涉及知识面广，与化学知识联系尤为紧密。去年我校初一年级综合实践课开设"火灾与消防""吸烟与健康""创建绿色家园"等专题，其中的化学知识把初一年级的老师们难住了，于是我们化学科的老师就主动承担了相关课题，带领学生进行一系列探究活动。笔者主要负责"火灾与消防"专题。

【个案1】火灾与消防

由于初一学生还没掌握化学知识，因此要做好化学启蒙教育。化学启蒙教育就是引导学生观察和探究一些身边常见的物质，旨在帮助学生了解它们对人类生活的影响，体会科学进步对提高人类生活质量所作出的巨大贡献。活动中，我先播放一段火灾现场的录像，然后问：什么是火灾？学生们答："火灾就是着火啦！""是烧起来啦！"我告诉学生，如果用化学语言来描述火灾，其本质就是发生了燃烧的化学反应。进一步问："燃烧需要哪些条件？同学们对这个问题感兴趣吗？"学生个个跃跃欲试，兴趣盎然。

探究1：燃烧的条件

（1）提出问题：物质在什么条件下才发生燃烧？

（2）猜想与假设：燃烧需要哪些条件——要有燃烧的物质，要引火（引燃），要有空气……

（3）实验验证：分组实验，完成下面三个实验，并观察记录、分析比较。

表4-8-1

| 序号 | 实验材料 | 操作 | 现象 | 结论 |
|------|----------|------|------|------|
| 实验一 | 蘸酒精的棉球 | 夹取棉球，放到酒精灯火焰上片刻 | | |
| | 蘸水的棉球 | | | |
| 实验二 | 未罩的蜡烛 | 点燃两支蜡烛，用烧杯罩住其中一支 | | |
| | 罩住的蜡烛 | | | |
| 实验三 | 木筷子 | 夹取筷子和木炭棒，在酒精灯上点燃 | | |
| | 木炭棒 | | | |

（4）解释与结论：归纳燃烧的条件_____、_____、_____。

（5）反思与评价：实验结果和猜想是否吻合？实验搜集到的证据是否足够？

（6）表达与交流：我的结论是这样的……你是如何探究的？你的结论是什么？

经过探究1，学生基本掌握燃烧的条件应当有①可燃物、②火源、③空气（氧气），并初步感知如何去研究一个问题。然后，要求学生自己动手探究后面两个问题——火灾的发生及消防知多少。开始学生感到无从下手，我便引导他们模仿"探究1"先提出问题，然后想办法解决。结果提了不少问题，但解决得不多。我又指导他们按问题分成若干小组，并分工行动：上网或到图书馆查找资料，到社区、派出所调查等。经过一周的整理，同学们交来了几份打印整齐的报告，几乎都是网上下载的关于火灾的现场报道以及造成的直接或间接的经济损失，还附了一些照片，也算是图文并茂了，他们以为这样会拿高分。但是在阶段性小结时，我告诉大家，我们探究的重点不在于火灾带来了什么后果，而在于火灾为什么会发生。最后，我鼓励学生，无论最后的结果如何都不是很重要，关键是你在开展活动的过程中做了什么，学到了什么，对我们的学习产生什么影响。

经过鼓励性的教育，学生意识到活动的重要性，决心重新调查研究，还设计了调查方案。在第二次的研究中，他们遇到了不少化学名词和化学知识，老师除了提供相关知识外还鼓励他们向高年级的同学请教。他们开始还是有些别扭，后来主动找高年级的同学做朋友，主动提出要求与高年级同学一起到实验室做"燃烧与灭火"实验；为了搞清楚泡沫灭火器的工作原理，还向学校保卫干部借来灭火器研究。为了调查市民消防知识知多少，他们利用课余时间上街调查，结果发现大多数人不愿配合他们的活动。当他们开始有点泄气时，老师又鼓励他们，多动脑筋，多想方法。于是有同学提议到公园去，那里的人们较悠闲，但马上又遭反对，进公园要买门票啊。又有人提议到家长的单位去，到同学的家里去……终于，点子越来越多了，同学们豁然开朗，发出的1000份调查问卷如期收回900份，他们尝到了成功的滋味。

历经六周的调查研究后，同学们完成了很有科普知识的调查报告，如"灭火不如防火，防火应从身边做起""火灾的烟雾比火本身更危险，火灾中的绝大多数人并非死于高温烘烤或火烧，而是丧命于火灾时的烟雾，这些烟雾除可能含有$CO$、$HCl$、$HCN$等外，还存在氮氧化物、硫化物、氨、光气等有毒和刺激性气体，它们被人吸入后即表现为中毒性呼吸道炎、肺炎，甚至是肺水肿。难怪爸妈说火灾逃生时可用湿毛巾捂住口、鼻，原来是防止烟雾和微粒碳进入呼吸道""灭火也有学问，要针对不同的火选择不同的灭火器才可以达到理想的效果"……

在经验交流会上，同学们滔滔不绝地介绍本组成员在实践调查过程中所遇到的酸甜苦辣，他们认为主动参与、学会沟通与合作非常重要。同学们还说，生活中处处蕴藏着化学知识，化学就在我们身边，并由此对化学产生浓厚的兴趣。由此可见，"我与化学"活动并不是只在初三以上年级才能开展的，在低年级也能开展这项活动。

**2. 贴近生活实际，使活动成为化学课堂的拓展与延伸**

高中的研究性学习和选修课，为开展"我与化学"活动提供了很好的机会。高中学生已掌握一定的化学基础知识，可指导他们进行深入的研究，但要求学生选题切忌太大、太深，要切合学生学习、生活的实际。只有选题合理，才能使学生保持研究和探索的兴趣，并在研究的过程中想办法克服所遇到的各种困难。两年来，笔者先后带领学生进行了十五个专题的探究，这些专题均属于生活中的化学问题，如"关注食品安全""绿色食品知多少""家居污染""烹饪中的化学""居民饮水面面观"等，这些专题非常贴近生活，学生容易感知并获取第一手资料。通过对专题的调查研究，学生基本掌握了如何发现问题和解决问题，并学会运用已有化学理论知识解决实际生活问题。

**3. 立足课堂，使活动为化学教学服务**

化学作为一门中心学科，与社会、生活、生产、科学技术等有着密切的联系，在化学教学中有许多素材可作为"我与化学"活动课题，如学习"卤素"时，对漂白粉、加碘盐进行研究学习，能加深对卤族元素及其化合物性质的理解；学习"氮族元素"，开展"汽车尾气调查""吸烟有害健康"等活动，可使学生进一步认识氮氧化物对环境所造成的危害；学习"原电池原理及其应用"，让学生动手制作原电池，在活动中探究原电池的形成要素及作用原理。实践证明，通过组织学生开展调查或动手探究，效果比教师在课堂讲授还要明显。

此外，属于知识性介绍的教学内容，如果采取活动课的形式进行教学，效果尤为显著。如高中化学第二册第七章"合成材料"，教学要求属A层次，但这节内容信息量大，与日常生产、生活实际及科技知识密切相关，且高二学生已具备一定的资料收集、阅读理解和归纳整理等能力，因此本章教学可以采取活动评价的教学模式。笔者曾与备课组长一起设计并实施了这一章的活动教学方案，在学校的教学开放日展示。学生在整个教学过程中积极主动投入，在课堂上又展又演，声情并茂，气氛非常活跃，取得了很好的教学效果，受到了听课老师的一致好评，有95%以上的老师对该节课的评价为"优良"。

【个案2】"合成材料"教学活动设计：

（1）学生课前活动。（该材料于课前一周发给学生）

以四人小组为单位，每组负责一个项目，上课时展示。根据资料准备情况及展示情况进行评分，作为本章测验成绩。

表4-8-2

| 项目名称 | 组别 | 要求 |
|---|---|---|
| 收集塑料制品和图片 | （两组） | 收集你所知道的塑料制品（尽可能多），每人不少于2件；如找不到实物，可用彩图；每人不少于3幅。 |
| 塑料制品分类及用途 | | 用图或幻灯片小结塑料的分类、性能、用途 |
| 收集纤维制品或样板 | | 收集你所知道的纤维制品并进行分类，说明性能和用途，可用实物投影或幻灯片展示 |
| 收集橡胶制品 | | 收集你所知道的橡胶制品的实物或图片，说明其性能和用途，用图示法进行分类 |
| 如何识别不同塑料及不同纤维 | | 现场演示 |
| 收集功能高分子材料 | | 收集有关功能高分子材料的实物或资料、图片，并对其进行分类 |
| 收集复合材料 | | 收集有关复合材料的实物或资料、图片，并对其进行分类 |
| 展望新型材料的发展前景 | | 收集资料，发挥想象，展望新型材料的发展前景 |
| 辩论（或小品）：使用塑料的利与弊 | （两组） | 分正、反两方，各找资料进行阐述（或以小品形式展演） |

思考题：（每组必做）

① 什么叫材料？你认识哪些材料？它们是如何分类的？各有何性能和用途？

（用图示法表示，由一个小组负责展示）

② 传统的"三大合成材料"指的是什么？请举出身边的常见用品，指出它

们是用什么材料做成的。

③怎样鉴别不同的塑料制品和不同的纤维制品？

④你知道有哪些特殊性能的塑料、橡胶吗？请给同学们介绍一下。

⑤"白色污染"已成为对不可降解的废弃材料污染环境的代名词。如果你是科研人员，你会对已有的"白色污染"如何治理？并请对以后合成材料的发展方向提出一些可行性意见。

⑥功能高分子材料有哪些？你最感兴趣的是什么材料？

⑦复合材料又有哪些？它们有什么优点？

展望21世纪，谈谈你所知道的未来有机高分子材料的发展趋势；如果让你选课题研究新型材料，你会选哪方面的材料？

（2）课堂教学模式。

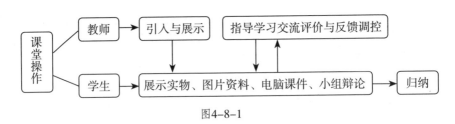

图4-8-1

笔者认为，若让"我与化学"活动立足于化学课堂，成为教学工作中一个自觉的行为，使之有机地融入学科教学中，这样更能体现出"活动课程"对学生学习的影响价值，并能使学生从"被动接受"学习转变为"主动研究"学习，实现学习的革命。

**4. 充分利用教育资源，创造广阔活动天地**

成功开展"我与化学"活动离不开丰富的教育资源，因此教师要善于搜索教育资源，为学习活动的开展创设良好条件。教育资源除了网络、图书馆（校内外）、实验室及各类教学设施外，还可根据学校的情况开设校本教材和地方教育资源。例如，进行"东晓南路的开通，对我校空气质量的影响"的研究时，我们就充分利用区环保局在我校建立的环境监测站，获取更多分析数据；在研究"家居环境污染"时，需要对刚装修完的房子进行实验测试，我们就组织学生到学校对面的晓港中马路幼儿园，对刚装修完的教室进行测试；在开展"烹饪中的化学"活动时，又到学校食堂进行实验研究，同学们戏称为"厨房化学"。除此以外，社区、家长、教师、学生等都可以成为教育资源或教学基地。可以说，教育资源并没有固定的范围，只要我们用心去发现和挖掘，化学教育资源就在我们的身边。

**5. 重视对学生的评价，体现最新的教育理念**

化学是一门应用性很强的学科，它与生活和社会具有广泛的联系。如果我们注意发挥评价的导向和激励作用，就能更好地使学生从化学的视角去观察社会、了解生活、发现问题、探索规律、积累知识。"我与化学"学习活动的价值引导作用就是让学生深入生活，体验科学研究的过程和方法，培养学生的科学态度和世界观，在学习活动中选择研究课题，开展合作，加强沟通，培养协作精神。另外，通过协作，也为学生创造了一个相互了解、相互促进、相互评价的平台。因此，在"我与化学"活动中，提倡学生之间的互评（小组互评或个体互评）和自评，或请家长和专家等参与评价，可使评价更加人性化，实现评价的效能。

在开展"我与化学"活动过程中，笔者注意经常调整评价方案，努力做到既关注结果，更重视过程，重视学生在学习过程中的经历、体验、感受，重视学生除知识以外的多种素质和能力（如合作）的培养；做到既有统一评价标准，又有差异评价；做到评价多元化，使评价方式更科学、更全面。

【个案3】发现学生"闪光点"

在进行"居民饮水面面观"的调查活动中，有位小张同学，由于平时爱"调皮捣蛋"，在分组分工时，很多同学怕影响小组的评价结果都不愿意与他同组，最后只好由老师根据各组人数安排他到某活动组。令人感到高兴的是，在多次外出调查的过程中，他不仅能说会道，而且善于与市民打交道，大胆提出种种调查问题，还乐于为大家服务，跑前跑后，从设计路线、找公交车到中午的快餐都是他踩点的，采集的饮水样品装满瓶瓶罐罐，他总是主动搬运。老师及时抓住他的优点，并多次给予表扬，使他受到很大的鼓舞，平时"调皮捣蛋"的性格也逐渐转变了，并且学习进步很大。在结题汇报时，大家都肯定他很能干，表示以后很愿意与他合作。虽然他最后还是没有交个人总结，但综合各方面评价，老师给他"良好"的总评。这件事，使我深深感到，作为教育工作者，要善于发现学生的优点，把握好评价尺度，挖掘学生潜力，使每位学生都能张扬其个性，凸显"闪光点"，那么我们的教育才能真正走向生本教育。

# 第九章　在"空气"教学中如何进行科学方法教育

化学是一门自然科学，处处体现着自然科学的方法论。所以在化学教学中应以科学的方法论为指导，培养学生观察、实验、概括、抽象和逻辑推理的思维方法和交流表达的能力。

现以九年级人教版第二单元课题1"空气"为例谈谈如何在课堂教学中进行科学方法教育。

## 一、从学生已有的生活经验出发，创设问题情境，培养学生的科学思维能力

空气是学生学习化学的第一大类物质，也是学生最熟悉的物质，学习的过程中要培养学生积极联系生活实际，善于质疑、勤于思考的习惯，因此在设计新课引入时让学生开动思维，想一想："空气无色无味，不易觉察，你能用一个简单的实验或列举实例来说明空气确实存在吗？"学生回答的答案可能多种多样，例如：①空集气瓶在盛满水的水槽中向下压——集气瓶内的水无法上升到顶部；②空集气瓶在盛满水的水槽中侧立——有气泡冒出；③扁的密实袋开袋后抖动，然后封好——双手挤压，有压力；④扇子朝脸扇、树叶在动——有风；⑤给车胎打气——胀起来。教师对学生的精彩答案给予肯定和点评，既开动了学生的思维，又激发学生深入学习的兴趣。又如，探讨空气中存在哪些物质时，引导学生回顾生活经验和以往的探究活动，进行汇报交流，培养学生的

逻辑推理能力。

## 二、通过做空气中氧气含量测定的探究实验，培养学生观察、交流、分析等实验探究能力

演示实验2-1"测定空气里氧气含量"时，注意引导学生观察并描述实验现象：①发出黄白光；②发出热量；③生成大量的白烟；④烧杯的水进入集气瓶，约占集气瓶体积的1/5。设置相应的问题组让学生讨论思考：①打开止水夹后，烧杯中的水为什么会进入广口瓶？②进入广口瓶中的水的体积相当于原广口瓶内空气中哪种气体的体积？空气中氧气的体积分数约为多少？③广口瓶内余下的气体主要是什么？它有何性质？学生经过讨论以后得出结论，培养学生发现问题、解决问题的能力，对实验现象作进一步的分析、归纳、总结等实验探究能力。这样处理不仅能使学生学习实验操作步骤和操作技术，还能锻炼学生观察、分析的能力；此外，还引导学生掌握这种科学的思维方式，并把它推广到其他实验，即把验证性的实验改成探究性的实验。先不把结果告诉学生，而是在已有知识的基础上提出新的问题，然后通过设计实验来研究此问题，并逐渐地解开疑点，找出答案。

## 三、通过设计对比实验，既深化知识理解，又拓展学生思维

书本中，测定空气中氧气的含量的药品为红磷，没提到其他物品，有学生可能会思考药品选择是否有依据，故此插入了一个拓展实验：

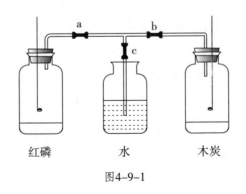

图4-9-1

通过对两种不同实验现象的讨论、分析，归纳出实验的成败关键：①装置气密性要良好；②实验应选用反应后不生成气体的物质（如红磷）；③红磷要稍过量，以耗尽广口瓶中的氧气；④应等装置冷却到室温后再打开止水夹。

## 四、开展调查活动，在活动中体会学习乐趣，培养学生合作、交流、表达的能力，同时增强社会责任感

介绍有关环境保护方面的知识时，课前布置学生以小组为单位查找有关空气污染和保护的资料，调查当地环境污染的情况，写成调查报告或制作成漫画、手抄报，并提出一些整治的措施，在课堂上交流与评价。这是学生学习化学后的第一次较大的科学探究活动，通过调查与交流，把课堂学习延伸到课外，与实际生活联系起来，既扩展学生的知识视野，加强化学与社会的联系，增强社会责任感，又培养学生合作、交流、表达的能力。

设计如下表格辅助学生调查学习：

表4-9-1

| 调查项目 | 调查情况 |
| --- | --- |
| 主要污染物 | |
| 污染的来源 | |
| 危害 | |
| 我的建议： | |

附：我们周围的空气教学设计

## 第二单元　我们周围的空气
### 课题1 空气 教学设计

【教学目标】

1.知识与技能

（1）了解空气的主要成分。

（2）了解氧气、氮气、稀有气体的主要用途。

（3）初步认识纯净物、混合物的概念，能区分一些常见的纯净物和混合物。

2.过程与方法

（1）通过对"测定空气里氧气的含量"实验的探究，培养学生实验现象的观察、分析能力。

（2）通过对空气、氧气等几种常见物质的比较，了解混合物和纯净物的概念。

3.情感、态度与价值观

（1）初步了解空气污染的危害，知道空气是一种宝贵的自然资源。

（2）树立环境保护的意识，培养热爱自然的情感。

【教学重难点】

（1）教学重点：空气的主要成分及其体积分数，混合物与纯净物。

（2）教学难点：通过实验探究空气中氧气的体积分数。

【教学过程】

第一课时

【引入】小时候，大人们经常要我们猜猜这样一个谜语："看不见，摸不着，没有颜色没味道，你的身边常围绕……"该谜语指的是什么？

【学生回答】空气。

【展示】一只空烧杯。

【设疑】烧杯中有什么？

想一想：空气无色无味，不易觉察，你能用一个简单的实验或列举实例来说明空气确实存在吗？

【学生讨论】

（1）空集气瓶在盛满水的水槽中向下压——集气瓶内的水无法上升到顶部。

（2）空集气瓶在盛满水的水槽中侧立——有气泡冒出。

（3）扁的密实袋开袋后抖动，然后封好——双手挤压，有压力。

（4）扇子朝脸扇、树叶在动——有风。

（5）给车胎打气——胀起来。

【设疑】我们生活的环境中有空气，人类的生活离不开空气，空气是一种重要的自然资源。那么，空气是由什么组成的？它是由一种物质组成的，还是由多种物质组成的？如果空气是由多种物质组成的，则空气中含有哪些物质？

【学生讨论】学生回顾生活经验和以往的探究活动，汇报交流：

（1）夏天从冰箱里取出一瓶饮料，过一会儿，瓶外出现许多小水珠，说明空气中含有水。

（2）动植物呼吸需要氧气，说明空气中含有氧气。

（3）植物光合作用需要二氧化碳，说明空气中含有二氧化碳……

（鼓励学生继续阅读课本，了解空气的其他成分，归纳空气的组成。）

【板书】一、空气的组成：氮气、氧气、稀有气体、二氧化碳、其他气体和杂质。

【设疑】空气中这些气体的体积分数是多少呢？能否通过以下实验来测定呢？

【实验演示】演示实验2-1"测定空气里氧气含量"的实验。

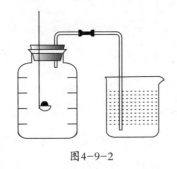

图4-9-2

【学生描述现象】

（1）发出黄白光。

（2）放出热量。

（3）生成大量的白烟。

（4）烧杯的水进入集气瓶，约占集气瓶体积的1/5。

【板书】1.测定空气中氧气的含量

（1）现象：红磷燃烧，发出黄白光；放出热量；产生大量白烟，水面上升至约五分之一的地方。

【分析】上述实验中，红磷燃烧时与广口瓶内空气中的氧气发生了反应，生成了叫作五氧化二磷的固体。上述实验中的大量白烟就是生成的五氧化二磷的固体，该固体沉降后溶解于水中，因此白烟最终消失。

【板书】2.文字表达式：红磷+氧气 $\xrightarrow{\text{点燃}}$ 五氧化二磷

【提问】（1）打开止水夹后，烧杯中的水为什么会进入广口瓶？如果烧杯中的水足量，请问水会充满整个集气瓶吗？为什么？

（2）进入广口瓶中的水的体积相当于原广口瓶内空气中哪种气体的体积？它的体积分数约为多少？

【学生讨论】

（1）由于过量的红磷燃烧时耗尽了广口瓶内空气中的氧气，使瓶内气体减少，压强降低，打开止水夹后，烧杯中的水就会进入瓶中。水不会充满整个集气瓶，因为空气中含有不能燃烧也不支持燃烧的气体。

（2）由于广口瓶内氧气被消耗多少，进入瓶中的水就有多少。因此，从烧杯中进入广口瓶的水的体积就相当于原瓶内空气中氧气的体积。结论：氧气约占空气体积的1/5。

【提问】根据拉瓦锡的研究结果，氧气约占空气体积的1/5，如果实验时集气瓶中的水面上升小于1/5，可能的原因有哪些？

【学生讨论】水面上升不足1/5的原因有：①装置漏气；②红磷量不足；③当氧气含量较低时，红磷不能继续燃烧；④没冷却到室温就打开止水夹。

【提问】我们实验用的药品是红磷，可以考虑用其他物质（如木炭、硫等）代替吗？

【学生讨论】实验药品和方案，最后评价出最佳方案并实施。

【分组实验】

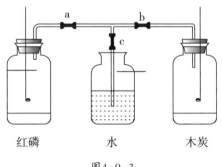

图4-9-3

【学生描述现象】

（1）燃烧停止并冷却，若打开止水夹a、c后观察到的现象是水进入左瓶。

（2）若打开止水夹b、c后，观察不到明显的实验现象。

【分析】出现以上现象的原因是木炭燃烧时生成了二氧化碳气体。虽消耗氧气，但又产生气体，气体体积没变，气压没变。

【提问】上述实验中，广口瓶中的固体应选择什么样的可燃物？实验成败的关键是什么？

【学生讨论】实验应选用反应后不生成气体的物质（如红磷）。

【分析】通过对比实验我们找出"测定空气里氧气含量"的实验成败关键：

（1）装置气密性要良好。

（2）实验应选用反应后不生成气体的物质（如红磷）。

（3）红磷要稍过量，以耗尽广口瓶中的氧气。

（4）应等装置冷却到室温后再打开止水夹。

【小结】

（1）空气不是单一成分的物质。

（2）空气中有1/5体积的氧气，剩余气体不支持燃烧。

（3）空气的组成（强调体积分数）。

【板书】3.空气的组成

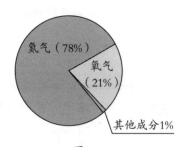

图4-9-4

表4-9-2

| 名称 | 氮气 | 氧气 | 稀有气体 | 二氧化碳 | 其他气体和杂质 |
|---|---|---|---|---|---|
| 化学式 | $N_2$ | $O_2$ | | $CO_2$ | |
| 体积分数 | 78% | 21% | 0.94% | 0.03% | 0.03% |

【过渡】氮气、二氧化碳、红磷、空气、河水、矿泉水等物质，哪些是由一种物质组成的，哪些是由多种物质组成的？

【板书】4.混合物：由两种或多种物质混合而成的物质叫混合物。

纯净物：由一种物质组成的物质叫纯净物。

【学生回答】

混合物：空气、河水、矿泉水。

纯净物：氮气、二氧化氮、红磷。

【课堂练习】

1.属于纯净物的是（　　　）

A.新鲜的空气　　　　B.矿泉水

C.液氮　　　　　　　D.澄清石灰水

2.下列物质中，前者是纯净物，后者属于混合物的是（　　　）

A.净化后的空气，氧化镁

B.浮有冰块的水，澄清的石灰水

C.生理盐水，高锰酸钾分解反应后的剩余固体

D.氯化钾，液态氧气

【小结】空气的组成。

（1）测定空气中氧气的含量。

（2）混合物与纯净物。

【作业布置】课本第33页调查与研究：关心空气质量

## 第二课时

【复习提问】空气是一种宝贵的资源，请说出空气的成分。

【学生回答】空气：氮气、氧气、稀有气体、二氧化碳、其他气体和杂质。

【指导阅读】课本P28。

【视频】氧气的用途：呼吸、炼钢、气焊、宇航等。

【学生讨论】课本P29讨论题。

【回答】

（1）氮气化学性质不活泼，不能燃烧也不支持燃烧。

（2）氮气不易溶于水，约占空气体积的4/5。

（3）氮气是无色、无味的气体。

【归纳、板书】氮气的物理性质：无色、无味、难溶于水的气体。

【视频】氮气的用途：制化肥、做保护气、用于医疗等。

【讲述】稀有气体。

【视频】稀有气体的用途：做保护气、通电时发出不同颜色的光、用于激

光技术等。

【板书】二、空气是一种宝贵的资源

（1）氧气：呼吸、炼钢、气焊、宇航等。

（2）氮气：制化肥、做保护气、用于医疗等。

（3）稀有气体：做保护气、通电时发出不同颜色的光、用于激光技术等。

【过渡】洁净的空气对人类和其他动植物都非常重要，但是，随着工业的发展，空气污染日益严重。请认真观察课本30页图2-8，结合生活实际讨论课本30页1至3题。

（学生观察图示，结合生活讨论回答。师生一起归纳总结。）

【板书】三、保护空气

（1）污染物质：有害气体和烟尘。

危害：①损坏人体；②影响作物生长；③破坏生态平衡。

（2）影响：温室效应、臭氧层空洞、酸雨。

（3）保护空气的措施：①加强大气质量监测；②使用清洁能源；③积极植树造林。

【合作交流】请学生代表展示本学习小组课前调查空气质量的报告，组织学生讨论交流评价，选出优秀的调查报告和漫画、手抄报，张贴在学习园地。

| 调查项目 | 调查情况 |
|---|---|
| 主要污染物 | |
| 污染的来源 | |
| 危害 | |
| 我的建议： | |

【课堂练习】

3.使用低硫优质煤，主要是为了防止下列哪种气体的污染（　　　　）

A.二氧化碳　　　　　　　B.二氧化硫

C.二氧化氮　　　　　　　D.一氧化氮

4.空气中氮气与氧气的体积比为（　　　）

A.5∶1　　　　　　　　B.1∶5

C.4∶1　　　　　　　　D.1∶4

5.下列说法正确的是（　　　）

A.空气的成分是固定不变的

B.空气中氮气和氧气约占体积99%，其余1%的气体主要是二氧化碳

C.氮气约占空气质量的78%，氧气约占空气质量的21%

D.将钟罩罩在盛水的水槽中，使足量的红磷在充满空气的密封的钟罩内充分燃烧后，钟罩内的水面上升约1/5体积，所消耗掉的气体是氧气。

【小结】（请作者确认此处是否添加相应内容？）

【作业布置】你如何认识"空气是一种宝贵的资源"？请以小论文形式发表你的见解。

# 第十章 基于学生核心素养的初中化学试卷讲评课

如何培养学生核心素养，提升学生能力是当前教育工作者的重要课题。中国学生发展核心素养以培养"全面发展的人"为核心，分为文化基础、自主发展、社会参与三个方面，综合表现为人文底蕴、科学精神、学会学习、健康生活、责任担当、实践创新等六大素养，具体细化为国家认同等18个基本要点。不少老师感到内容很多，目标很大，在日常的教学中难以入手，无从实施。

本人认为，教师首先要转变观念，强化素养意识。其次，要采取有效措施，确实改进教育教学方法，扎实落实到每堂课每一个教学活动中。在初中化学学科中培养学生的核心素养，一方面能够有效帮助学生加深对所学基础知识的理解和认识，另一方面也可以进一步强化学生的思维能力、学习能力和探究能力，对学生日后的学习和发展具有积极的促进作用。那么，如何立足核心素养选择有效的教学策略呢？

## 一、庖丁解牛，宏观概念、微观解读，明确目标，寻找策略

笔者采用"庖丁解牛"的方法，对"核心素养"这个宏观概念进行深入、微观地解读，细细研究每种素养所对应的基本要点，并与每一堂课的教学目标联系起来，选择相应的教学策略，通过课堂——落实，能比较有效地培养和发

展学生的核心素养。本文以一节试卷讲评课的教学设计与实施效果谈谈具体做法。

试卷讲评是一种常见的课型，对于毕业班来说更是家常便饭，如果教师没有素养意识，不精心设计，只是就题论题，往往会演变成被动订正答案课，学生参与的主动性不强，收获不大。讲评课不仅要充分发挥试卷的诊断把脉、查漏补缺功能，还要提高学生应用理论知识解决实际问题的能力。

本次测试时间是2018年12月，范围为初三化学上册第一至六单元知识，是学生经过三个月的学习后参加教育集团的第二次综合测验。由于本校学生在集团内的整体水平较高，平均分名列前茅，因此大多数师生认为试卷讲评意义不大，还不如讲新课赶进度。而笔者认为，学生虽然已掌握一定的化学基本知识和技能，学科基础较扎实，但仍停留在浅层的记忆层面，尚未能形成良好的独立思考、自我反思、自主探究、综合实践等能力。基于学生的实际情况，立足学生终身学习和全面发展的角度，我把教学目标确定为"学会学习"和"提高实践创新能力"两个方面。认真深入研读核心素养的基本内涵，积极寻找实现教学目标的策略。

## 二、建构自我反思、小组互评、集中点评的讲评模式，培养学生学会学习、自主发展的能力，养成良好的学习习惯

"学会学习"是"自主发展"的基本素养之一，主要是学生在学习意识形成、学习方式方法选择、学习进程评估调控等方面的综合表现。具体包括乐学善学、勤于反思、信息意识等基本要点。为了达成这一教学目标，我采取了学生个人自我反思、小组互助互评再集中点评的评卷模式。为了引导学生积极反思、主动合作学习，我把备课重心前移，做了具体明确的指导和充分的学情调查。具体做法如下：

提前发试卷给学生，要求学生先独立纠错，再通过查阅课本或在学习小组内交流、互评中发现自己的错误，对试卷中的部分错误自行纠正，并围绕以下三个问题进行考后分析和反思。

（1）你最想讲哪些题？这些题考什么知识点？

（2）你对这类题的困惑是什么？以前曾经遇过类似题吗？能罗列出来吗？

（3）你认为这份卷子的重点、难点是什么？你自己的主要问题和失误在哪里？你将如何改进学习方法以提高成绩？你希望老师如何改进教学方法以更好帮助你？

请用作文纸规范书写后交给各学习小组长，组长收集汇总组员的意见，交给科代表统计反馈给老师，师生共同做好讲评前的准备工作。每位同学都认真做了考后分析，尽管并不全面，但能真实反映自己的内心想法，且已初步学会了反思和改进学习的方法，这同时也是师生间沟通交流的良好途径。经统计，共有4道选择题和7道非选择题需要集体讲评，这些都是迷惑性、综合性较强的常考常错、得分率不高的考题。同时也收集到了35道与以上题目考点或题设类似的题目，我把它们归类整理成8道用于课堂上反馈提升的练习。

经过课前个人的认真分析和反思以及同伴互助，学生已解决了卷面上的绝大多数问题，错误的答案也都订正好了。这是否就意味着学生已经弄明白了，可以不讲评了呢？并非如此，有的学生对于知识难点只是知其然并未知其所以然，只要老师深入追问或稍微变形拓展题目，学生又会卡壳了。从以下教学片段可略见一斑：分析题19。

19. 对以下一些反应事实的结束，其中不合理的是（　　　　）

| 序号 | 化学反应事实 | 解释 |
|------|------------|------|
| A | 铁丝在空气中很难燃烧，而在氧气中能剧烈燃烧 | 反应物浓度越大反应越剧烈 |
| B | 碳在常温下不与氧气发生反应，而在点燃时能与氧气反应 | 反应需要达到一定的条件温度 |
| C | 过氧化氢在常温下较难分解，而在加入硫酸铜后迅速分解 | 硫酸铜是反应的催化剂 |
| D | 铝片在空气中很难燃烧，铝粉在空气中较易燃烧 | 反应物接触面积越大，反应越剧烈 |

请学生代表讲解本题所涉及的知识点、解题思路和方法，造成失误的原因，教师再点评。

【学生】误以为能加快反应速率就是反应的催化剂，所以不选C。A中"反应物的浓度越大反应越剧烈"在第二单元学习过，印象深刻，所以不选A。而B、D还没学过不是太有把握，所以就乱选一个。

【教师】引导学生重新阅读课本P38探究实验的现象和分析，阅读课本P39第二自然段，再次明确催化剂的概念以及如何判断一种物质是否为某个反应的催化剂。解决这类型题，除了掌握好化学概念，还需要深刻理解课本中的所有实验原理、现象和分析，要有很强的逻辑推理能力。

【反馈提升1】为证明二氧化锰是过氧化氢分解的催化剂，一位同学设计了以下实验方案：实验1：取5ml x%的过氧化氢溶液于试管中，加入1g二氧化锰，再伸入带火星的木条。实验2：取5ml 5%的过氧化氢溶液于试管中，再伸入带火星的木条。请回答：（1）"实验1"中，x的值是＿＿＿＿＿＿＿＿＿＿＿＿＿。（2）"实验2"中的实验现象是＿＿＿＿＿＿＿＿＿＿＿＿＿。（3）根据上述实验，可以得出的结论是＿＿＿＿＿＿＿＿＿＿＿＿＿。（4）要证明二氧化锰是过氧化氢分解的催化剂，还需要完成另外两个实验，这两个实验的实验目的分别是：①＿＿＿＿＿＿＿＿＿。②＿＿＿＿＿＿＿＿＿。

【学生】（1）5；（2）带火星的木条不复燃；（3）二氧化锰能加速过氧化氢的分解（巡视全场，没有学生误答为"催化剂"）；（4）证明二氧化锰在反应前后，其质量是否有变化；证明二氧化锰在反应前后，其化学性质是否有变化。

对（4）的答案有赞同的（约40%），有反对的（约60%），课堂出现了骚动。

【教师】引导学生再次研读题目"要证明二氧化锰是过氧化氢分解的催化剂"，要证明二氧化锰是催化剂，就是要通过实验来证明该物质在反应前后质量和性质都没有发生变化，而不是去探究是否发生变化。

通过点拨，学生恍然大悟，马上明白正确的答案为：证明二氧化锰在反应前后，其质量没有变化；证明二氧化锰在反应前后，其化学性质没有变化。

但这并不能说明学生已完全掌握了该实验的原理和方法。

【反馈提升2】为证明"二氧化锰是过氧化氢分解的催化剂",小明同学设计了以下实验方案:实验1:准确称取少量二氧化锰装入试管,把带火星的木条伸入试管内,观察现象。实验2:在上述试管中加入5ml10%过氧化氢溶液,把带火星的木条伸入试管内,观察现象。实验3:待"实验2"的试管中没有现象发生时,重新加入5ml10%过氧化氢溶液,观察现象。实验4:把"实验3"中的二氧化锰过滤出来,洗涤、烘干、称量。

请回答:(1)"实验2"中观察到的现象是_____。

(2)"实验3"的实验目的是_____。

(3)小红同学认为以上实验方案不完整,还需要补充实验。请你把需要补充的实验的有关内容填写在下面实验报告的空格内。

表4-10-1

| 实验操作 | 实验现象 | 解释 |
| --- | --- | --- |
| | | |

学生答题情况如下:(1)有大量气泡产生,带火星的木条复燃(正确率100%)

(2)证明二氧化锰的化学性质在反应前后没有发生变化。(正确率95.5%,仍有个别同学表达为"是否发生变化")

表4-10-2

| 实验操作 | 实验现象 | 解释 |
| --- | --- | --- |
| 取5ml10%过氧化氢溶液于试管中,把带火星的木条伸入试管口。(2分) | 带火星的木条不复燃 | 常温下过氧化氢溶液分解很慢,放出氧气很少,不足以使带火星的木条复燃。(2分) |

(正确率90%左右,主要问题是表达不规范或解释不到位。)

本题从"何为催化剂"到"如何证明是催化剂",再到"具体实验目的、操作、现象是什么",一步步追问下去,使学生的思维得到不断的激发和拓展，培养其良好的思维习惯。通过拓展练习，学生才能深刻理解"订正了答案并不等于真正解决问题"。因此，老师并不能被学生用红笔订正得密密麻麻的卷子所迷惑，学生也不能只满足于"订正了答案"，要养成刨根问底的学习习惯，不断追问，不断提升触类旁通的学习能力，才是真正的会学习，能发展。

## 三、构建知识网络，提高知识迁移和解决问题的能力，激发学生创新思维，培养理论联系实际、学以致用的实践创新能力

实践创新主要是学生在日常活动、问题解决、适应挑战等方面所形成的实践能力、创新意识和行为表现。具体包括劳动意识、问题解决、技术应用等基本要点。要培养学生的创新意识和能力，首先得让学生夯实基础知识，当整个知识结构了然于胸时，才能运用所学知识解决实际问题。具体做法如下：讲评试卷时，把失分率比较高的试题归类纳入知识体系中，按知识点分专题讲评。结合学生反馈意见和题目得分情况，本节课归纳了质量守恒定律，碳和碳的化合物的相互转化及实验探究三个知识点。课堂实施片段如下（相关题目和得分率略）：

【知识点一】质量守恒定律

【知识回顾】质量守恒定律是自然界的普遍规律，它揭示了化学反应中反应物和生成物之间的质量关系，即参加反应的各物质的质量总和，等于反应后生成的各物质的质量总和。质量守恒定律的微观本质就是化学反应前后，原子的种类、数目和质量都没有发生改变。

【知识运用1】推导未知物质的化学式。

【知识运用2】解释实验现象，证明质量守恒定律。

请得不到满分的同学展示答案，分析自己失分的原因，教师点评。

【反馈提升】请你用学过的知识解释下列现象：（1）"点石成金"是否成立？＿＿＿＿＿＿＿＿＿＿。

（2）蜡烛燃烧后质量减小的原因是什么？＿＿＿＿＿＿＿＿＿＿。

【学生】（1）不成立。反应前后元素种类不变。（2）没有称量全部产物

的质量。

【教师】答案不能直接套用格式，也不能太笼统，要有具体分析，否则很难得满分。引导学生完善答案：

（1）不成立。反应前后元素种类不变，石头中没有金元素，生成物中不可能含金。

（2）蜡烛燃烧生成二氧化碳和水蒸气逸散到空气中，所以质量减小。

通过练习，培养学生运用理论知识解决实际问题的能力。

【变形拓展】如果选用23（2）A、C、D中的药品进行实验，该如何设计实验装置？你能画一个示意图吗？（以小组为单位依次展示，请不要雷同。）

【各小组】边展示图片，边解说设计原理。

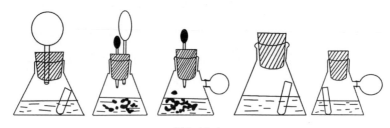

图4-10-1

【教师】由于有气体产生，要在密闭环境中进行实验，同时还要考虑气压的问题。各小组都能进行不同实验装置的设计，非常好，说明同学们已具备了一定的实验创新能力。

通过设计实验装置，提高学生实验创新能力。

【知识运用3】获取信息书写化学方程式，并推测实验现象。

分别请得不到满分的同学展示答案，分析自己失分的原因，教师点评。

（【反馈提升】及【师生分析】略。）

通过强化训练，提高学生获取信息的能力。

【知识运用4】相关计算（【反馈提升】及【师生分析】略。）

【知识点二】碳和碳的化合物的相互转化

【知识回顾】展示学生学习第六单元时的思维导图和课本P124的物质转化

关系图。

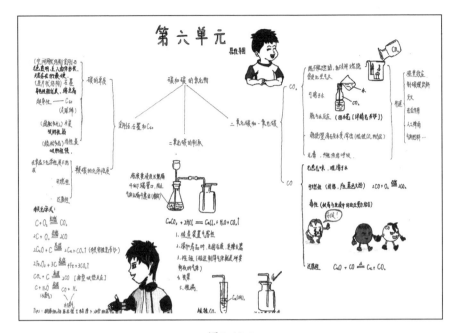

图4-10-2

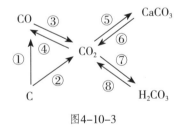

图4-10-3

【知识运用】

（1）熟练运用物质之间的转化关系推导有关物质，并正确书写化学方程式。

（2）根据化学反应原理分析实验现象和操作步骤。

（3）实验室制取二氧化碳时，选择药品的缘由，二氧化碳的性质。

请有失误的同学讲讲自己的问题在哪里，其他同学给予点评。

【变形拓展】题26（2）还能怎么考？证明该反应已经开始的实验现象是什

么？实验结束时的操作步骤是什么？原因是什么？（请学生代表回答，师生评价略。）

通过问题引导，激发学生深入思考、主动发问、积极创新的能力。

【知识点三】实验探究

【知识运用1】控制变量，进行对比实验。

（展示第30题的错误答案，师生一起点评。）

【反馈提升】（题目略。请学生代表讲解，师生一起分析、评价略。）

【知识运用2】提出猜想，设计实验方案进行验证，得出结论。

（展示个别学生答案，师生评价略。）

这种按知识点进行分类，力争把考点纳入知识体系中，紧扣课本的讲评模式，很好地引导学生回归课本，重视概念和定义，主动构建思维导图，灵活地运用课本的知识和原理解决实际问题，能有效提高解题能力。学生往往还能讲出教师意想不到的思路和方法，长期坚持，学生的创新意识和能力一定能得以提高。

这是一节广州和东莞两市五所兄弟学校构建学习共同体的教研展示课，受到了听课同行的一致认可和高度评价：学生自主学习能力强，课堂讲评针对性强，教师点拨深入，课堂效率高，效果明显。

总之，试卷讲评课不能拘泥于试题，不能墨守成规，而是要构建有效的讲评模式，激发和引导学生乐学善思，培养学生从学会到会学，从理论到实践，使其知识体系和解决问题的能力在测、评、练的循环反复中呈螺旋式上升，从而有效地培养学生能够适应终身发展和社会发展需要的必备品格和关键能力。

# 参考文献

［1］中华人民共和国教育部.普通高中化学课程标准：2017年版［M］.北京：人民教育出版社，2018.

［2］房喻，徐端钧.普通高中化学课程标准（2017年版）解读［M］.北京：高等教育出版社，2018.

［3］钟启泉，崔允漷.核心素养研究［M］.上海：华东师范大学出版社，2018.

［4］钟启泉，崔允漷.核心素养与教学改革［M］.上海：华东师范大学出版社，2018.

［5］［美］凯.M.普莱斯（KayM. Price）卡娜.L.纳尔逊（KarnaL. Nelson）著.李文岩、刘佳琪、梁陶英、田爽，译.有效教学设计帮助每个学生都获得成功（第四版）［M］.北京：中国人民大学出版社，2016.

［6］皮连生.学与教的心理学（第五版）［M］.上海：华东师范大学出版社，2012.

［7］［美］安妮塔·伍尔福克（Anita Woolfolk）.伍新春，赖丹凤，季娇，等译.伍尔福克教育心理学［M］.北京：中国人民大学出版社，2012.

［8］王云生.课堂转型与学科核心素养培养［M］.上海：上海教育出版社，2016.

［9］钟启泉.核心素养十讲［M］.福建：福建教育出版社，2018.

［10］钟启泉.学校的变革［M］.上海：华东师范大学出版社，2019.

［11］刘月霞，郭华主编.深度学习：走向核心素养［M］.北京：教育科学出

版社，2018.

［12］林美凤.化学课堂教学的全程研究［M］.上海：华东师范大学出版社，
2019.

［13］叶佩玉.中学化学教学设计［M］.上海：上海教育出版社，2016.

［14］［法］安德烈.焦尔当.学习的本质［M］.杭零，译.上海：华东师范大
学出版社，2015.

［15］查尔斯·菲德尔，玛雅·比亚利克，伯尼·特里林.四个维度的教育
［M］.罗德红，译.上海：华东师范大学出版社，2017.

［16］［美］Jack Snowman Rick McCown.教学中的心理学［M］.庞国维，等译.
上海：华东师范大学出版社，2016.

［17］常生龙.核心素养与学习的变革［M］.上海：上海教育出版社，2020.

［18］［美］查理德·I. 阿兰兹（Richard I. Arends）.丛立新等译.学会教学
［M］.上海：华东师范大学出版社，2015.

［19］苏鸿.高效课堂［M］.上海：华东师范大学出版社，2013.

［20］［美］梅雷迪斯·D. 高尔沃尔特·R. 博格.教育研究方法导论［M］.江
苏：江苏教育出版社，2009.

［21］［英］怀特海.教育的目的［M］.上海：文汇出版社，2013.

［22］［美］霍华德·加德纳著.多元智能新视野［M］.北京：中国人民大学
出版社，2013.

［23］郑金洲.课堂教学的50个细节［M］.福建：福建教育出版社，2013.·

［24］李政涛.教育常识［M］.上海：华东师范大学出版社，2012.

［25］沈毅，崔允漷.课堂观察走向专业的听评课［M］.上海：华东师范大学
出版社，2013.

［26］崔允漷.有效教学［M］.上海：华东师范大学出版社，2013.

［27］代蕊华.课堂设计与教学策略［M］.北京：北京师范大学出版社，2005.

［28］L. W. 安德森等.学习、教学和评估的分类学［M］.上海：华东师范大学
出版社，2010.

［29］［美］安奈特·布鲁肖托德·威特克尔著.从优秀教师到卓越教师［M］.北京：中国青年出版社，2014.

［30］［德］雅斯贝尔斯.什么是教育［M］.北京：三联书店，1991.

［31］彭蜀晋.高中化学新课程的理论与实践［M］.广东：高等教育出版社，2008.

［32］鲍正荣.化学新课程教学技能研究［M］.北京：科学出版社，2013.

［33］余文森.核心素养导向的课堂教学［M］.上海：上海教育出版社，2017.

［34］王少非等.促进学习的课堂评价［M］.上海：华东师范大学出版社，2018.

［35］［美］格兰特·维金斯，［美］杰伊·麦克泰格著.追求理解的教学设计.上海：华东师范大学出版社，2017

［36］［美］Eric Jensen LeAnn Nickelsen著.温暖译.深度学习的7种有力策略.上海：华东师范大学出版社，2017.

［37］［美］布鲁斯·乔伊斯玛莎·维尔艾米丽·卡尔霍恩著.教学模式.兰英等著.北京，2017.

［38］［日］佐藤学著.李季湄译.静悄悄的革命——课堂改变，学校就会改变.北京：教育科学出版社，2017.

［39］安桂清.课例研究.上海：华东师范大学出版社，2018.

［40］大卫·苏泽.教育与脑神经科学［M］.方彤，黄欢，王东杰，译.上海：华东师范大学出版社，2015.

［41］钟启泉.学校的变革［M］.上海：华东师范大学出版社，2019：5.

［42］钟启泉.学校变革［M］.上海：华东师范大学出版社，2019：7.

［43］房喻，徐端钧.普通高中化学课程标准（2017年版）解读［M］：北京：高等教育出版社，2018：71.

［44］钟启泉，崔允漷.核心素养研究［M］.上海：华东师范大学出版社，2018：41-42.

［45］张智慧.三维目标该如何统一［J］.语文建设，2005（8）.

［46］余文森.核心素养导向的课堂教学［M］.上海：华东师范大学出版社，

2017：50.

［47］王云生.课堂转型与学科核心素养培养［M］.上海：上海教育出版社，2016：35-38.

［48］A. C. Ornstein，等.课程：基础、原理和问题［M］.柯森，译.南京：江苏教育出版社，2002：142.

［49］青山征彦，茂吕雄二.学习心理［M］.东京：科学出版股份公司.2018：8.

［50］台湾PISA研究中心.台湾PISA2012精简报告［R］.台南：台湾PISA研究中心，2014.

［51］王帅.国外高阶思维及其教学方式［J］.上海教育研究，2011（9）：31-34.

［52］［日］佐藤学.学习的快乐——走向对话［M］.钟启泉，译.北京：教育科学出版社，2004：51-64.

［53］［美］卡尔·罗杰斯，杰罗姆·弗莱伯格.自由学习［M］.王烨晖，译.北京：人民邮政出版社，2015：16.

［54］顾明远.教育大辞典［M］.上海：上海教育出版社，1999.

［55］吴俊明，徐承波.化学教学设计与实践［M］.北京：民主与建设出版社，1998.

［56］R. K. Sawyer.学习科学指南：促进有效学习的实践/协同学习（第二版第2卷）［M］.大岛纯，等，译.京都：北大路书房，2016：21-22.

［57］郭晓红，蒋红斌.论知识在教材中的存在方式［J］.课程·教材·教法，2004（4）.

［58］石中英.知识转型与教育改革［M］.北京：教育科学出版社，2001：150.

［59］陈理宣.论知识的结构形式选择与知识的教育形式生成［J］.课程.教材.教法，2014（11）.